AUTOUR

DE

HONORÉ DE BALZAC

CALMANN LÉVY, ÉDITEUR

—

DU MÊME AUTEUR:

HISTOIRE DES ŒUVRES DE H. DE BALZAC
(*Ouvrage couronné par l'Académie française*).
3ᵉ édition. . . . . **1 vol.**
LES LUNDIS D'UN CHERCHEUR . . . . **1 vol.**
UN ROMAN D'AMOUR, 2ᵉ édition. . . . . . . **1 vol.**

Sous presse :

LA VÉRITABLE HISTOIRE DE : « ELLE ET LUI »,

En préparation :

HISTOIRE DES ŒUVRES DE GEORGE SAND.

—

PARIS. — IMPRIMERIE CHAIX. — 6534-5-96. — (Encre Lorilleux).

VICOMTE DE SPOELBERCH DE LOVENJOUL

ÉTUDES BALZACIENNES

AUTOUR

DE

HONORÉ DE BALZAC

PARIS

CALMANN LÉVY, ÉDITEUR

ANCIENNE MAISON MICHEL LÉVY FRÈRES

3, RUE AUBER, 3

1897

I

HONORÉ DE BALZAC

ET

THÉOPHILE GAUTIER

—

A PROPOS

DU « CHEF-D'ŒUVRE INCONNU ».

AVANT-PROPOS

Parmi les nombreuses sommités littéraires dont s'honorent à si juste titre la France et le dix-neuvième siècle, Honoré de Balzac est sans contredit la physionomie d'écrivain à laquelle les critiques et les lettrés se sont attachés avec le plus de curiosité et le plus de persévérance.

Après son propre pays, l'étranger s'est intéressé aussi à l'auteur de *la Comédie humaine*, et l'on formerait une bibliothèque considérable rien qu'en réunissant tous les livres et tous les articles inspirés par sa vie ou par ses ouvrages. L'homme et l'œuvre ayant été étudiés par des juges de premier ordre, tout semblerait par conséquent avoir été dit sur l'existence intime du maître[1].

Il n'en est rien pourtant, et, de nos jours encore, l'homme dans Balzac demeure en grande partie inconnu. En vain, plusieurs de ses amis et sa sœur elle-même, — chacun à son point de vue personnel, — ont publié sur lui de nombreuses études biographiques et littéraires, dont celles de madame Surville, de George Sand et de Théophile Gautier sont les moins sujettes à caution. Reconnaissons, en effet, que si ces trois écrivains

1. Il n'y a pas longtemps, M. Paul Flat l'affirmait encore en ces termes dans l'*Avant-Propos* de ses très intéressants *Essais sur Balzac* : « On citerait difficilement, croyons-nous, un ouvrage qui compte sur Balzac, ou plutôt sur le *génie* de Balzac, car toute une partie du travail a été exécutée, la partie accessoire est fragmentaire; on a réun les matériaux de l'œuvre; *tout ce qui a trait à l'élémen anecdotique et biographique a été fait*, tellement qu'il ne reste rien à y ajouter », etc., etc.

ont préféré se taire à propos de beaucoup de choses et de gens, ils n'ont pas du moins affirmé le contraire de la vérité. Mais, nonobstant leur intention sincère de dire cette vérité sur plus d'un point, sans l'altérer sur aucun, certains partis pris de silence chez madame Surville, et l'ignorance d'un grand nombre de faits par George Sand et par Théophile Gautier, rendent néanmoins leurs travaux sur Balzac très insuffisants, tant au point de vue biographique que documentaire.

Faut-il donc laisser éternellement dans l'ombre les épisodes les plus marquants de cette existence fiévreuse, qui tiennent du roman et du drame, et semblent parfois plus émouvants encore que tous les récits de *la Comédie humaine?* L'auteur est mort depuis bientôt cinquante ans. N'est-il pas temps de révéler enfin quelques-uns des événements dont l'action fut la plus considérable sur sa destinée? La posterité n'a-t-elle pas le droit de chercher à connaître tout entier un maître de cette taille, et tout ce qui peut le faire mieux comprendre ou pénétrer n'appartient-il pas légitimement à la grande famille humaine?

En attendant la connaissance si désirable de ces événements, rien jusqu'ici n'est plus ignoré que la vie vraie de cet homme de génie, car deux raisons principales l'ont poussé à jeter lui-même, autant qu'il l'a pu, un voile épais sur son existence réelle : d'une part, la discrétion absolue qu'il entendit garder sur le rôle prépondérant joué dans sa vie par l'élément féminin et, de l'autre, les effroyables embarras nés de ses dettes et de ses affaires, celles-ci et celles-là plus embrouillées que l'écheveau de Pénélope.

Le premier mobile, indiqué plus haut comme point de départ du mystère dont il s'entourait sans cesse, va, nous le savons, à l'encontre de l'opinion la plus généralement accréditée. Mais trop de preuves de la réalité

de ce mobile se trouvent entre nos mains
pour ne pas l'affirmer ici. D'ailleurs, les
lignes consacrées par madame Surville à ce
côté de la vie de son frère démontrent, si
l'on veut bien les lire attentivement, que, si
elle s'est tue pour lui plaire, elle en savait
pourtant long sur ce sujet. Personne cependant n'a tenté depuis lors de découvrir du
moins quelques parcelles de la vérité, à défaut de la vérité toute entière.

Dût-elle rester toujours ignorée, comment
a-t-on pu toutefois admettre aussi facilement
que Balzac ait jamais mené cette vie quasi
monacale , que presque tous ses commenta-
teurs, — en se basant le plus souvent, il est
vrai, sur ses propres affirmations, — ont
acceptée comme authentique? Ne se dégage-
t-il pas, au contraire, de presque toutes les
pages de son œuvre, une *odor di femmina* des
plus reconnaissables? Ne devine-t-on pas,
enfin en lisant la plupart des dédicaces de
ses ouvrages, qu'il y a là toute une série de

gracieuses apparitions, voilées avec soin,
dont les prénoms, — réels ou faux, — sont
seuls révélés dans *la Comédie humaine?* Et
ces visions n'évoquent-elles pas dans notre
esprit comme un cycle caché d'aventures
mystérieuses? En réalité, les Sarah, les
Maria, les Sofka, les Constance-Victoire, les
Louise, les Caroline, les Hélène, et quelques
autres inspiratrices nommées en toutes lettres,
ne sont encore, pour la plupart, que les plus
marquantes de ces héroïnes du roman d'un
jour, de quelques nuits, de quelques mois
ou même de quelques années, auprès desquelles Balzac, jeune, aussi bien que dans la
force de l'âge, allait chercher l'introuvable
mot de cette énigme : l'éternel féminin. S'il
ne leur dut pas la découverte de ce secret
toujours si bien gardé, il leur fut redevable,
en partie du moins, de pouvoir modeler ses
chefs-d'œuvre sur nature. Nul écrivain, pas
même lui, le plus grand peintre des mœurs
du début de son siècle, n'eût pu les enfanter,

s'il avait toujours vécu dans les conditions
austères que la légende lui attribue si faus-
sement. Nous donnerons plus d'une fois la
preuve de tout cela au cours de nos pages.

Si nous nous plaçons à d'autres points de
vue, nous verrons que les rapports réels de
Balzac avec presque toutes les personnalités
qu'il a côtoyées sont à peu près inconnus.
La plupart de ces relations furent marquées
par des chocs pénibles, dont les premières
causes naquirent des contrastes de sa propre
carrière, car celle-ci fut toujours traversée,
jusqu'en 1830, par des tentatives en tous
genres pour atteindre au succès et à la fortune,
lesquelles n'aboutirent qu'à des échecs. Son
amour-propre excessif pendant la lutte, sa foi
immuable dans son avenir, affichée avec une
sorte de bravade quand il était vaincu, lui
créèrent bien des jaloux et bien des envieux.

Aussi, à chaque nouveau désastre, ses
camarades lui faisaient-ils durement expier
ses airs dominateurs, ainsi que son invincible

confiance en lui-même pendant et après le com-
bat. Ils le traitaient suivant les circonstances,
et le souvenir de ces inégalités d'accueil,
provoquées souvent par lui-même, il faut
l'avouer, ne s'est jamais effacé de son esprit.

De 1818 à 1830, tour à tour clerc de no-
taire, auteur dramatique inédit, romancier,
imprimeur, fondeur de caractères, collaborateur anonyme d'écrivains de tous genres et
de publications de toutes sortes, Balzac con-
nut, selon sa bonne ou sa mauvaise fortune,
l'empressement ou le dédain de gens qui ne
le valaient à aucun titre, mais que ses
propres allures avaient blessés les premiers.
Ses démêlés avec H. de Latouche, avec Émile
de Girardin et quelques autres, datent de
cette époque et sont demeurés célèbres.

De 1830 à 1850, ce fut encore bien pis. La
notoriété, enfin conquise, lui attira les ennemis habituels de tout succès grandissant. Il
ne fit rien pour les apaiser. Au contraire. Sa
vie cachée, les contrastes de son luxe appa-

rent avec son éternelle misère secrète, la constante inquiétude du lendemain que faisait peser sur lui son énorme dette flottante, cette existence vraiment sans nom, et toujours dérobée au public au prix d'efforts inouïs renouvelés tous les jours, rendirent son contact de plus en plus difficile. Traqué partout, poursuivi sans relâche par des créanciers exaspérés à juste titre, obligé de recourir du matin au soir à toutes les ruses d'un Peau-Rouge de la civilisation, ce grand romancier n'a goûté, dans sa patrie, un instant de repos qu'à la condition d'être caché chez l'un ou chez l'autre de ses rares amis vrais, tels par exemple que sa sœur, M. de Margonne, madame Zulma Carraud, George Sand, et Théophile Gautier.

Ainsi s'expliquent les nombreuses et violentes inimitiés qui l'ont accompagné jusqu'au tombeau, et l'ont poursuivi même au delà.

Et pourtant, son cœur était excellent, ses

intentions droites et honnêtes. Il ne crut jamais tromper personne, tant il avait foi en son étoile et en son œuvre, opinion que le temps a justifiée trop tard pour lui. Cependant que de gens n'appauvrit-il et même ne ruina-t-il pas involontairement! Toujours d'une naïveté d'enfant, trop souvent d'une confiance aveugle dans ses premiers rapports avec tous, ce grand *Voyant*, — ainsi que Philarète Chasles, on ne l'a pas oublié, l'a si bien qualifié le premier[1]. — n'était *voyant* que dans ses œuvres.

Sans cesse prêt à s'illusionner, et sachant influencer et persuader les autres par la puissance même de cette illusion, personne n'éveilla plus d'espérances et ne causa plus de déceptions.

Il fut constamment, du reste, la première victime de ses erreurs, et quand, pour réparer l'effondrement de sa dernière combinaison,

1. *Journal des Débats*, 24 août 1850.

son imagination fertile en ressources lui faisait tenter quelque nouvelle entreprise, celle-ci
s'écroulait aussitôt comme la précédente,
ne lui laissant pour unique résultat qu'une
dette de plus ajoutée à ses désastres antérieurs.

On l'a pendant longtemps accusé d'avoir
été en personne le *Mercadet* par excellence.
C'est une erreur. Balzac, nous le répétons, ne
voulut ni ne crut jamais duper ses victimes.
Il se trompa lui-même et les autres avec lui.

C'est bien volontairement, au contraire,
qu'il abusait ses camarades et jusqu'à ses
meilleurs amis sur les événements réels de
sa carrière d'homme et d'écrivain. Suivant
les circonstances, feignant la richesse ou la
misère, l'insuccès ou le triomphe, l'absence
ou la présence, il a passé sa vie à cacher à tous
ses faits et gestes véritables. Aussi, malgré
le désir de leurs auteurs d'être parfois sin-
cères, les souvenirs d'Edmond Werdet, par
exemple, et d'autres encore, n'ont-ils rien
d'authentique, et, sauf pour quelques rares

détails, ne doivent-ils être lus et acceptés qu'avec une extrême circonspection. Faut-il s'étonner ensuite si, comme nous l'avons déjà dit, sa vie est restée aussi mystérieuse, puisqu'il a lui-même fait l'impossible pour établir, à propos de son existence entière, une légende contraire en tous points à la vérité ?

La nature de Balzac était un composé spontané et *intraduisible* de simplicité et de rouerie, de crédulité et de ruse, d'abandon et de méfiance, de droiture et d'adresse, de bonhomie et d'orgueil, tout cela se produisant *naïvement*, à point nommé pour le servir ou pour qu'il s'en servît selon les circonstances et les besoins de sa vie, de cette vie, logiquement, tout aussi inexplicable que lui-même ! Il faut accepter ainsi ces hommes d'un génie exceptionnel, dont le tissu cérébral et le terrain intellectuel sont beaucoup plus étendus que les nôtres. Il en résulte chez eux des oppositions, des contrastes, des bizarreries même, que des cerveaux plus restreints ne peuvent engendrer et qu'ils ne sauraient, en conséquence, ni saisir, ni analyser, ni surtout expliquer.

Aucune personnalité, — et son œuvre le prouve à chaque ligne par la variété de ses analyses morales, — ne résumait en elle au même degré que celle de Balzac, les côtés les plus divers et les plus contraires en apparence. C'est certainement la nature d'homme la plus variée, et réunissant en elle le plus de traits contradictoires, qui ait surgi jusqu'ici dans les lettres françaises. Ainsi s'explique sa prodigieuse faculté d'assimilation, par rapport aux individualités les plus diverses et les plus opposées.

Sans songer, bien entendu, à entreprendre un récit d'ensemble, dans ce volume, et dans celui qui porte pour titre : *Un Roman d'amour,* nous avons donc tenté de raconter, au sujet de cette carrière tourmentée, quelques-uns des épisodes dont les détails nous sont particulièrement connus et ayant trait notamment aux rapports du maître avec plusieurs de ses contemporains.

Dans notre *Histoire* de ses œuvres, nous nous étions, comme il convenait, occupé spécialement de ses ouvrages. Ici, sans les négliger, non plus que nos découvertes nouvelles à leur sujet, nous avons aussi parlé de la personne intime de Balzac et de ses camaraderies, en même temps que des milieux divers où sa vie s'est écoulée.

De nombreux documents inédits en notre possession nous ont permis de mettre à la fois sous les yeux du lecteur la preuve de nos allégations, et des pièces qui, nous l'espérons, lui sembleront dignes d'intérêt. Lorsque la clarté du sens nous a paru l'exiger absolument, nous y avons parfois intercalé quelques mots, toujours placés, d'ailleurs, entre crochets.

A PROPOS
DU « CHEF-D'ŒUVRE INCONNU ».

Dans la notice biographique que Théophile Gautier a consacrée à Balzac, — notice toute imprégnée d'admiration pour le grand penseur, — il est peu question de leurs relations personnelles au point de vue littéraire, et du concours apporté aux œuvres de son ami par le poète.

Celui-ci y signale brièvement sa collaboration au canevas primitif de *Vautrin*, sans faire allusion aux emprunts faits pour *Béatrix* à ses portraits d'actrices, publiés dans le *Figaro* du temps, ni au sonnet : *la Tulipe*, inséré dans *un Grand Homme de province à Paris*.

Chose curieuse, les manuscrits autographes de ces deux ouvrages, aujourd'hui entre nos mains, ne renferment ni *la Tulipe*, ni la plus grande partie des emprunts en question. Deux pages seulement de *Béatrix* contiennent, en marge, quelques lignes des articles de Théophile Gautier sur *Jenny Colon* et sur *Mademoiselle Georges*, écrites aussi de la main de Balzac, mais rédigées à nouveau et fondues en quelque sorte dans les portraits de mademoiselle des Touches et de Fanny O'Brien. Tous les autres passages empruntés au poète sont donc entrés beaucoup plus tard dans *Béatrix*, au moment sans doute où Balzac en corrigea les épreuves.

Outre ces morceaux, d'une origine incontestable, Théophile Gautier aurait encore fourni, s'il faut en croire une tradition très accréditée chez certains lettrés, d'autres pages à *la Comédie humaine*, parmi lesquelles un conte philosophique, *le Chef-d'œuvre inconnu*, semblerait surtout devoir aussi lui être en grande partie attribué.

En effet, le cadre et les détails de cette œuvre font souvent songer aux sources habituelles d'inspiration du grand Théo. Mais une raison sans réplique rend cette supposition inadmissible : *le Chef-d'œuvre inconnu* parut pour la première fois en 1831, dans l'*Artiste*, tandis que Balzac ne fit la connaissance de l'auteur d'*Albertus* qu'en décembre 1835. C'est Théophile Gautier lui-même qui précise cette date dans la notice dont nous avons parlé.

Et cependant, plus on relit certaines pages du *Chef-d'œuvre inconnu*, plus on se sent hanté par le souvenir des procédés et des théories artistiques de l'auteur de *Fortunio*. Il y avait donc là un problème dont nous désespérions de trouver la solution, quand le hasard fit tout à coup, si nous ne nous trompons, briller à nos yeux le mot de l'énigme.

Mais avant de faire connaître au lecteur les résultats de notre découverte présumée, il faut lui rappeler sommairement le sujet de l'ouvrage en question.

Le Chef-d'œuvre inconnu, dont l'action se passe en 1612, est divisé en deux chapitres. Le premier a pour théâtre l'atelier du peintre Porbus, et le second celui de l'unique l'élève de l'illustre Mabuse, maître Frenhofer, l'auteur d'un prétendu chef-d'œuvre qu'il cache aux yeux de tous.

Nicolas Poussin, jeune et inconnu, poussé par une vocation irrésistible, cherche à pénétrer dans l'atelier de Porbus. Grâce à une chance imprévue, il réussit dans son entreprise en guettant un personnage qu'il ne connaît point, et en se glissant derrière lui dans le sanctuaire. Porbus le prend pour un compagnon du visiteur, lequel n'est autre que son ami Frenhofer, dont il a sollicité les conseils au sujet d'un tableau commandé par Marie de Médicis.

Sous l'influence de l'enthousiasme inspiré par ce qu'il voit et ce qu'il entend, le Poussin se trahit et implore son pardon. Il ne l'obtient qu'en dessinant sur-le-champ à la sanguine une copie du tableau destiné à la reine, et il en fait une esquisse d'une exécution si parfaite que l'auteur du chef-d'œuvre caché se prend d'intérêt pour un élève si bien doué, et l'invite, ainsi que Porbus, à venir visiter son atelier.

Dans la conversation échangée entre les deux peintres, le Poussin a surtout été frappé des amers regrets exprimés par Frenhofer au sujet de l'imperfection de tous les modèles féminins d'après lesquels il a dû composer son étude de femme, ce tableau que nul autre regard que le sien n'a encore effleuré.

Or, il se fait que le Poussin a pour maîtresse une jeune fille nommée Gillette, dont

le corps est un modèle de beauté complète
et achevée, sans aucune des défectuosités de
détail qui causent le désespoir de Frenhofer.
Son amant la décide à poser devant celui-
ci, à la condition que le voile qui cache la
sublime toile tombera devant lui et devant
Porbus.

Le vieux peintre refuse d'abord avec indignation, et, malgré sa douleur, finit par
consentir en voyant Gillette.

Quand le tableau apparaît enfin aux yeux
des deux visiteurs dévorés d'impatience, ils
n'aperçoivent qu'une toile surchargée de
couleurs mêlées, ne représentant plus rien,
tant l'artiste, poursuivi par le désir de la
perfection, a fait, refait et défait son ouvrage. Lui seul *voit* son chef-d'œuvre sur
cette toile détruite, où, dans un coin du
tableau disparu, subsiste encore pourtant un
unique vestige de l'admirable étude primitive, représenté par un pied merveilleux,
fragment comparable, en peinture, aux

plus beaux débris sculptés des statues antiques retrouvées en Grèce et à Rome.

Le malheureux Frenhofer ne peut survivre à la révélation de la vérité. Son illusion, bien qu'ébranlée seulement et non entièrement détruite, ne parvient pas à l'en consoler, et il meurt après avoir brûlé, non seulement son *chef-d'œuvre inconnu (?)*, mais aussi toutes ses autres toiles.

Quant à Gillette, après avoir exprimé au Poussin sa haine et son mépris pour l'avoir ainsi livrée volontairement aux regards d'un autre, elle abandonne le jeune homme puisqu'il a préféré l'art à son amour.

Ce sujet prête, on le voit, aux digressions artistiques dans lesquelles excellait Théophile Gautier. Mais la première version du *Chef-d'œuvre inconnu*, celle de l'*Artiste*, — moins étendue encore que l'édition originale de librairie, publiée aussi en 1831 dans les *Romans et Contes philosophiques* de Balzac, — ne contient, pas plus que cette dernière, de développements de ce genre. Les détails artistiques y sont même traités avec une certaine gaucherie dont l'auteur des *Émaux et Camées* ne se fût jamais avisé, tandis que, relativement aux questions d'art, l'incompétence de Balzac, jeune, y est tout à fait sensible.

De 1831 à 1837, le *Chef-d'œuvre inconnu* fut réimprimé sans changements. Nous le retrouvons, modifié pour la première fois et joint à *l'Auberge rouge*, dans le tome dix-sept des *Études philosophiques*, paru cette année-là, au mois de juillet, chez Delloye et Lecou. On sait que cette édition de l'ouvrage, dont l'ensemble devait se composer de trente volumes, ne fut jamais terminée. Commencée chez l'éditeur Werdet en 1835, elle n'atteignit pas plus de vingt volumes, dont les cinq derniers parurent en 1840, chez Souverain, sous le titre général de : *le Livre des douleurs*. Il serait d'ailleurs à peu près impossible d'établir la bibliographie tout à fait exacte de ces *Études philo-sophiques*. Balzac gardait parfois, sans les corriger, les épreuves de certaines réimpressions de ses œuvres pendant plusieurs années, et finissait, un beau jour, par les jeter au panier. L'exemplaire de ce tome dix-sept lui ayant appartenu est actuellement notre propriété. Il porte au titre le nom de l'éditeur Werdet et le millésime de 1835. De plus, ce titre indique, comme contenu du volume, *l'Auberge rouge* et *l'Enfant maudit*. Or, ce dernier récit n'en fait point partie, et c'est *le Chef-d'œuvre inconnu* qui le remplace. Cette modification fut exécutée sans doute en 1837, lors de la mise en vente, chez Delloye et Lecou, de ce tome, sous presse depuis si longtemps, et Balzac, sans tenir compte des changements opérés, le fit relier avec l'épreuve du titre primitif, devenu pourtant, on le voit, tout à fait inexact.

Quelle ne fut pas notre surprise, en

comparant un jour les premières éditions du conte qui nous occupe avec celle de 1837, de trouver cette dernière non seulement très remaniée, selon l'habitude de Balzac à chaque réimpression sérieuse de ses œuvres, mais encore considérablement augmentée! De longues digressions sur l'art, sur la peinture, y sont intercalées, et d'importants développements y sont donnés aux courts détails artistiques de la version originale.

D'ailleurs, dès le début de cette année 1837, le grand écrivain annonçait déjà qu'il avait complété son œuvre. On lit, en effet, ceci à la fin de la préface, datée du 15 janvier 1837, placée par lui en tête de la première partie des *Illusions perdues :* « Quand » l'auteur pourra-t-il achever sa toile? Il » l'ignore, mais il l'achèvera. Déjà cette » difficulté s'est présentée plusieurs fois, » soit pour *Louis Lambert,* soit pour *l'En-* » *fant maudit,* soit pour *le Chef-d'œuvre*

» *inconnu,* et chaque fois sa patience n'a
» point été en défaut, mais bien celle du
» public..... »

L'énigme nous livrait-elle cette fois son mot ? Dans les modifications exécutées, il nous sembla bien, en effet, reconnaître le style si personnel, si magistral et si coloré de Théophile Gautier, et rien n'est plus vraisemblable que l'hypothèse de sa collaboration avec Balzac, en 1837. En voici la preuve.

On n'a pas oublié que, jusqu'en 1835, celui-ci non seulement ne connaissait pas l'auteur de la *Comédie de la mort,* mais n'avait même jamais songé à s'intéresser à ses œuvres.

Son attention ne fut attirée sur le jeune écrivain qu'au moment de l'apparition de *Mademoiselle de Maupin,* comme le prouve le billet suivant (déjà cité par nous dans : *Mademoiselle de Maupin et ses principales éditions*[1]),

____

1. Voir : *les Lundis d'un Chercheur.*

que, dès la mise en vente de l'ouvrage, il écrivit à l'éditeur Renduel pour s'en faire adresser un exemplaire. Nous en devons la communication à l'obligeance de M. Adolphe Jullien, le remarquable biographe de Berlioz et de Wagner :

« 18 décembre [1835].

» M. de Balzac prie Monsieur Renduel de lui donner un exemplaire de *Mademoiselle de Maupin* au prix libraire, et lui offre ses salutations.

» DE BALZAC. »

La lecture de ces volumes inspira à Balzac une véritable admiration pour leur auteur, admiration qu'il ne cessa d'exprimer dès lors, aussi bien dans ses conversations que dans ses lettres et même dans ses écrits. Aussi sa première pensée fut-elle d'enrôler ce styliste exceptionnel dans le groupe choisi d'écrivains qu'en décembre 1835 il s'occupait précisément de réunir, pour les faire collaborer à la *Chronique de Paris*, obscure publication légitimiste, fondée en 1834 par M. William Duckett, et dont l'auteur de *la Peau de Chagrin* allait devenir le directeur à partir du 1er janvier 1836.

Jules Sandeau fut chargé de la négociation, et Théophile Gautier, qui rapporte encore que Balzac et lui s'entendirent facilement, publia divers travaux dans le recueil dirigé par le maître. Aussi des relations suivies s'établirent-elles dès lors entre eux.

De cette époque environ doit dater la lettre suivante de Balzac, empruntée à notre *Histoire des œuvres de Théophile Gautier*, lettre non datée et signée Alcofribas [1]. Elle semble bien avoir été écrite au sujet même du *Chef-d'œuvre inconnu* :

1. Cette signature lui avait déjà servi pour le conte intitulé *Zéro*, publié dans la *Silhouette* du 3 octobre 1830. Ce conte a été fondu plus tard dans *l'Église*, devenue elle-même, depuis, un fragment de *Jésus-Christ en Flandre*.

« Depuis que je vous ai vu, je suis tombé malade. Mais j'ai aujourd'hui toute l'œuvre imprimée. Ne voulez-vous pas venir dîner aujourd'hui avec moi pour tout revoir? Il y a deux ou trois endroits obscurs, où, en quelques minutes, nous mettrions de la lumière.

» Venez; je suis pressé de faire corriger et tirer.

» Tout à vous,

> » ALCOFRIBAS. »

On voit donc que Balzac appelait parfois son ami à son aide pour ses travaux littéraires, et l'œuvre en question ne devait pas être bien longue, puisqu'il demandait seulement *quelques minutes* au bon Théo pour la mettre au point.

Or, *Béatrix* et le *Grand Homme de province à Paris*, datés de 1838, et publiés en 1839, ont paru bien après la deuxième édition du *Chef-d'œuvre inconnu*, quand déjà la *Chronique de Paris*, abandonnée par Balzac en cette même année 1837, avait disparu depuis deux ans. Rien n'est donc plus probable que le concours apporté par Théophile Gautier à cette réimpression. La légende lui attribuant la rédaction de l'œuvre toute entière s'expliquerait ainsi tout naturellement, car le propre des légendes n'est-il pas d'exagérer et de dénaturer un fait exact?

II

Au surplus, nous allons faire apprécier par le lecteur lui-même la vraisemblance de notre supposition, en plaçant sous ses yeux ceux des fragments de l'œuvre, ajoutés ou remaniés en 1837, dus, à notre avis, à l'auteur d'*Une larme du Diable*. Nous recueillerons en note les passages de la première version, supprimés parfois pour faire place à ces pages nouvelles. L'analyse que nous avons donnée de l'ouvrage fera très aisément reconnaître à quelle partie du récit se rapportent les citations. Du reste, sauf quelques lignes intercalées aux dernières pages, toutes les modifications ont été faites dans le premier chapitre. Enfin, la conclusion a reçu aussi quelques courtes adjonctions, ayant pour but de préciser davantage le dénouement. Mais ce dernier changement émane certainement de la plume de Balzac lui-même, et non de celle de son collaborateur supposé.

Nous avons conservé parfois quelques lignes du texte primitif, encadrant les ajoutés, lorsqu'il était utile de le faire pour la clarté du sens.

Voici d'abord la description de l'atelier de Porbus, qu'en 1831, dans l'œuvre primitive, Balzac avait adroitement évitée, en la remplaçant par les quelques lignes ironiques citées ici en note, et supprimées aujourd'hui [1] :

---

1. « Ce serait chose assez importante, un détail artistement historique, que de dépeindre l'atelier de maître Porbus. Mais l'histoire nous prend tellement à la gorge,

« Il (Porbus) s'inquiéta d'autant moins de lui (Poussin), que le néophyte demeura sous

les descriptions sont si cruellement difficiles à bien faire, et plaisent si rarement aux lecteurs, qui ont la prétention d'y suppléer, que vous perdrez, ma foi ! ce morceau peint par moi à l'huile, peint sur place, et dans lequel les jours, les teintes, la poussière, les accessoires, les figures, possédaient un certain mérite...

» Vous y eussiez vu, entre autres choses, une croisée ogive coloriée et une petite fille occupée à remettre ses chausses, exécutées avec un fini vraiment regrettable. C'était aussi vrai, aussi faux, aussi peigné, léché qu'une croquade d'amateur. Mais aujourd'hui la peinture est si malade en France, qu'il y aurait crime à faire encore des tableaux en littérature ; aussi nos poètes sont-ils généralement sobres d'images, par politesse... »

Après un court passage, conservé dans l'ouvrage, Balzac reprenait ainsi, à propos du tableau destiné à Marie de Médicis :

« A toutes les époques, il s'est rencontré des gens soigneux d'enterrer les drapeaux et de sauver les dieux en déroute, car dans tous les siècles, on a revendu les dieux avec bénéfice.

» Cette belle page (le mot n'étant pas encore inventé pour désigner une œuvre de peinture, j'aurais pu tout aussi bien vous dire : *Cette pourtraicture saincte et mignonnement paracheuée.* Mais le placage historique me semble fatigant, outre que beaucoup ne comprennent plus les vieux mots), cette page donc représentait une *Marie Égyptienne* acquittant le passage du bateau. Ce chef-d'œuvre, destiné à Marie de Médicis, fut par elle vendu à Cologne, aux jours de sa misère ; et, lors de notre invasion en Alle-

le charme que doivent éprouver les peintres-
nés à l'aspect du premier atelier qu'ils voient,
et où se révèlent quelques-uns des procédés
matériels de l'art. Un vitrage, ouvert dans
la voûte, éclairait l'atelier de maître Porbus.
Concentré sur une toile accrochée au che-
valet, et qui n'était encore touchée que de
trois ou quatre traits blancs, le jour n'attei-
gnait pas jusqu'aux noires profondeurs des
angles de cette vaste pièce. Mais quelques
reflets égarés allumaient, dans cette ombre
rousse, une paillette argentée au ventre d'une
cuirasse de reître suspendue à la muraille,
rayaient d'un brusque sillon de lumière la
corniche sculptée et cirée d'un antique dres-

magne (1806), un capitaine d'artillerie la sauva d'une des-
truction imminente en la mettant dans son porte-manteau.
C'est un protecteur des arts, qui aimait mieux prendre que
voler. Ses soldats avaient déjà fait des moustaches à la
sainte protectrice des filles repenties, et allaient, ivres et
sacrilèges, tirer à la cible sur la pauvre sainte, qui, même
en peinture, devait obéir à sa destinée. Aujourd'hui, cette
magnifique toile est au château de la Grenadière, près de
Saint-Cyr, en Touraine, et appartient à M. de Lansay. »

soir chargé de vaisselles curieuses, ou pi-
quaient de points éclatants la trame grenue
de quelques vieux rideaux de brocart d'or,
aux grands plis cassés, jetés là comme modèles. Des écorchés de plâtre, des fragments
et des torses de déesses antiques, amoureu-
sement polis par les baisers des siècles, jon-
chaient les tablettes et les consoles. D'in-
nombrables ébauches, des études aux trois
crayons, à la sanguine ou à la plume, cou-
vraient les murs jusqu'au plafond. Des boîtes
à couleurs, des bouteilles d'huile et d'es-
sence, des escabeaux renversés, ne laissaient
qu'un étroit chemin pour arriver sous l'au-
réole que projetait la haute verrière, dont
les rayons tombaient à plein sur la pâle
figure de Porbus et sur le crâne d'ivoire de
l'homme singulier. »

La réponse de Frenhofer à Porbus, relative
à l'exécution de son tableau : *Marie Égyptienne*, est fort modifiée aussi, comme on peut

s'en assurer en lisant en note la première
version de ce passage [1] :

1. « — Heu! heu!... fit le vieillard. Elle ne vit pas! En
la regardant longtemps, je ne saurais croire qu'il y ait de
l'air entre ses bras et le fond de la toile... Je ne sens pas
la chaleur de ce beau corps et ne trouve pas de sang dans
les veines... Les contours ne sont pas dessinés franchement.
Tu as craint d'être sec en suivant la méthode de l'école
italienne, et tu n'as pas voulu empâter les extrémités, à
l'instar du Titien et du Corrège. Eh bien! tu n'as eu ni les
avantages d'un dessin pur et correct, ni les artifices des
demi-teintes... Tu n'es *vrai* que dans les tons intérieurs
de la chair... Il y a de la vérité là...
  Et le vieillard montrait la poitrine de la sainte.
  — Puis ici...
  Et il indiquait le point où, sur le tableau, finissait l'épaule.
  — Ici... tout est faux... Mais n'analysons pas, ce serait
faire ton désespoir.
  Le vieillard s'assit sur une escabelle, se tint la tête dans
les mains et resta muet.
  — Maître, lui dit Porbus, j'ai cependant bien étudié sur
le nu les lignes de ce corps.
  — Oui... oui... répondit le vieillard, un mois ou deux...
et vous vous arrêtez là!... Vous faites d'admirables vête-
ments de chair à vos femmes; mais vous oubliez tous de
leur donner le mouvement et la vie?... Une femme a certes
cet air de tête, ce regard de douce résignation, et doit tenir
sa jupe ainsi!... Mais où est *le plus*? Vous avez *le moins*
dont se contente le vulgaire... O Mabuse! ô mon maître!...
ajouta ce singulier personnage, tu es un voleur, tu as emporté la vie avec toi!...
  — A cela près, reprit-il, cela vaut mieux que les peintures du sieur Rubens... Au moins, avez-vous là couleur,
sentiment et dessin, les trois parties essentielles de l'art... »

« — Heu! heu!... fit le vieillard, bien?... oui et non. Ta bonne femme n'est pas mal troussée, mais elle ne vit pas. Vous autres, vous croyez avoir tout fait lorsque vous avez dessiné correctement une figure et mis chaque chose à sa place d'après les lois de l'anatomie! Vous coloriez ce linéament avec un ton de chair fait d'avance sur votre palette, en ayant soin de tenir un côté plus sombre que l'autre, et parce que vous regardez de temps en temps une femme nue qui se tient debout sur une table, vous croyez avoir copié la nature, vous vous imaginez être des peintres et avoir dévoilé le secret de Dieu!... Prrr... Il ne suffit pas, pour être un grand poète, de savoir à fond la syntaxe et de ne pas faire de fautes de langue! Regarde ta sainte, Porbus! Au premier aspect, elle semble admirable; mais au second coup d'œil on s'aperçoit qu'elle est collée au fond de la toile, et qu'on ne pourrait pas faire le tour de son corps. C'est une silhouette qui n'a

qu'une seule face; c'est une apparence dé-
coupée, une image qui ne saurait se retour-
ner ni changer de position. Je ne sens pas
d'air entre ce bras et le champ du tableau ;
l'espace et la profondeur manquent; cependant, tout est bien en perspective, et la dégra-
dation aérienne est exactement observée. Mais,
malgré de si louables efforts, je ne saurais
croire que ce beau corps soit animé par le
tiède souffle de la vie. Il me semble que
si je portais la main sur cette gorge d'une
si ferme rondeur, je la trouverais froide
comme du marbre! Non, mon ami, le sang
ne court pas sous cette peau d'ivoire; l'existence ne gonfle pas de sa rosée de pourpre
les veines et les fibrilles qui s'entrelacent en
réseaux sous la transparence ambrée des
tempes et de la poitrine. Cette place palpite,
mais cette autre est immobile! La vie et la
mort luttent dans chaque *détail*. Ici c'est
une femme, là une statue, plus loin un cadavre. Ta création est incomplète. Tu n'as

pu souffler qu'une portion de ton âme à ton œuvre chérie. Le flambeau de Prométhée s'est éteint plus d'une fois dans tes mains, et beaucoup d'endroits de ton tableau n'ont pas été touchés par la flamme céleste.

» — Mais pourquoi, mon cher maître? dit respectueusement Porbus au vieillard, tandis que le jeune homme avait peine à réprimer une forte envie de le battre.

» — Ah! voilà, dit le petit vieillard. Tu as flotté indécis entre les deux systèmes, entre le dessin et la couleur, entre le flegme minutieux, la raideur précise des vieux maîtres allemands, et l'ardeur éblouissante, l'heureuse abondance des peintres italiens. Tu as voulu imiter à la fois Hans Holbein et Titien, Albrecht Durer et Paul Véronèse. Certes, c'était là une magnifique ambition! Mais qu'est-il arrivé? Tu n'as eu ni le charme sévère de la sécheresse, ni les décevantes magies du clair-obscur. Dans cet endroit, comme un bronze en fusion qui crève son trop faible moule, la riche et blonde couleur du Titien a fait éclater le maigre contour d'Albrecht Durer où tu l'avais coulée. Ailleurs, le linéament a résisté et contenu les magnifiques débordements de la palette vénitienne. Ta figure n'est ni parfaitement dessinée, ni parfaitement peinte, et porte partout les traces de cette malheureuse indécision. Si tu ne te sentais pas assez fort pour fondre ensemble au feu de ton génie les deux manières rivales, il fallait opter franchement entre l'une ou l'autre, afin d'obtenir l'unité qui simule une des conditions de la vie. Tu n'es vrai que dans les milieux; tes contours sont faux, ne s'enveloppent pas, et ne promettent rien par derrière. Il y a de la vérité ici, dit le vieillard en montrant la poitrine de la sainte. Puis ici, reprit-il, en indiquant le point où, sur le tableau, finissait l'épaule. Mais là, fit-il en revenant au milieu de la gorge, tout est faux. N'analysons rien, ce serait faire ton désespoir.

» Le vieillard s'assit sur une escabelle, se tint la tête dans les mains et resta muet.

» — Maître, lui dit Porbus, j'ai cependant bien étudié sur le nu cette gorge; mais pour notre malheur, il est des effets, vrais dans la nature, qui ne sont plus probables sur la toile...

» — La mission de l'artiste n'est pas de copier la nature, mais de l'exprimer! Tu n'es pas un vil copiste, mais un poète, s'écria vivement le vieillard, en interrompant Porbus par un geste despotique. Autrement, un sculpteur serait quitte de tous ses travaux en moulant une femme. Eh bien! essaie de mouler la main de ta maitresse et de la poser devant toi; tu trouveras un horrible cadavre, sans aucune ressemblance, et tu seras forcé d'aller trouver le ciseau de l'homme, qui, sans te la copier exactement, t'en figurera le mouvement et la vie. Nous avons à saisir l'esprit, l'âme, la physionomie des choses et des êtres. Les effets! les effets! mais ils sont les accidents de la vie, et non la vie. Une main, puisque j'ai pris cet exemple, une main ne tient pas seulement au corps; elle exprime et continue une pensée qu'il faut saisir et rendre. Ni le peintre, ni le poète, ni le sculpteur, ne doivent séparer l'effet de la cause, qui sont invinciblement l'un dans l'autre. La véritable lutte est là! Beaucoup de peintres triomphent instinctivement sans connaître ce thème de l'art. Vous dessinez une femme, mais vous ne la voyez pas! Ce n'est pas ainsi que l'on parvient à forcer l'arcane de la nature. Votre main reproduit, sans que vous y pensiez, le modèle que vous avez copié chez votre maître. Vous ne descendez pas assez dans l'intimité de la forme, vous ne la poursuivez pas avec assez d'amour et de persévérance dans ses détours et dans ses fuites. La beauté est une chose sévère et difficile, qui

ne se laisse pas atteindre ainsi. Il faut attendre ses heures, l'épier, la presser et l'enlacer
étroitement, pour la forcer à se rendre. La
forme est un Protée bien plus insaisissable
et plus fertile en replis que le Protée de la
Fable; ce n'est qu'après de longs combats
qu'on peut la contraindre à se montrer sous
son véritable aspect; vous autres, vous vous
contentez de la première apparence qu'elle
vous livre, ou, tout au plus, de la seconde,
ou de la troisième; ce n'est pas ainsi qu'a-
gissent les victorieux lutteurs! Ces peintres
invaincus ne se laissent pas tromper à tous
ces faux-fuyants; ils persévèrent jusqu'à ce
que la nature en soit réduite à se montrer
toute nue et dans son véritable esprit. Ainsi
a procédé Raphaël, dit le vieillard en ôtant
son bonnet de velours noir, pour exprimer
le respect que lui inspirait le roi de l'art; sa
grande supériorité vient du sens intime, qui,
chez lui, semble vouloir briser la forme.
La forme est, dans ses figures, ce qu'elle

est chez nous, un truchement pour se communiquer des idées, des sensations, une vaste poésie. Toute figure est un monde, un portrait, dont le modèle est apparu dans une vision sublime, teint de lumière, désigné par une voix intérieure, dépouillé par un doigt céleste, qui a montré, dans le passé de toute une vie, les sources de l'expression. Vous faites à vos femmes de belles robes de chair, de belles draperies de cheveux; mais où est le sang qui engendre le calme ou la passion, et qui cause des effets particuliers? Ta sainte est une femme brune; mais ceci, mon pauvre Porbus, est d'une blonde! Vos figures sont alors de pâles fantômes coloriés, que vous nous promenez devant les yeux. Et vous appelez cela de la peinture et de l'art! Parce que vous avez fait quelque chose qui ressemble plus à une femme qu'à une maison, vous pensez avoir touché le but, et tout fiers de n'être plus obligés d'écrire à côté de vos figures *currus venustus* ou *pulcher*

homo, comme les premiers peintres, **vous
vous imaginez être des artistes merveilleux !**
Ah ! ah ! vous n'y êtes pas encore, mes braves
compagnons ! Il vous faudra user bien des
crayons, couvrir bien des toiles, avant d'arriver. Assurément, une femme porte sa tête
de cette manière, elle tient sa jupe ainsi,
ses yeux s'alanguissent et se fondent avec
cet air de douceur résignée, l'ombre palpi-
tante des cils flotte ainsi sur les joues ! C'est
cela, et ce n'est pas cela. Qu'y manque-t-il ?
un rien ; mais ce rien est tout. Vous avez
l'apparence de la vie, mais vous n'exprimez
pas son trop-plein qui déborde, ce je ne sais
quoi qui est l'âme peut-être, et qui flotte
nuageusement sur l'enveloppe ; enfin, cette
fleur de vie que Titien et Raphaël ont surprise. En partant du point extrême où vous
arrivez, on ferait peut-être d'excellente
peinture ; mais vous vous lassez trop vite.
Le vulgaire admire, et le vrai connaisseur
sourit. O Mabuse ! ô mon maître ! ajouta ce

singulier personnage, tu es un voleur, tu as emporté la vie avec toi! A cela près, reprit-il, cette toile vaut mieux que les peintures de ce faquin de Rubens, avec ses montagnes de viandes flamandes, saupoudrées de vermillon, ses ondées de chevelures rousses et son tapage de couleurs. Au moins avez-vous là couleur, sentiment et dessin, les trois parties essentielles de l'Art. »

La plume de Théophile Gautier se reconnaît encore dans les jugements portés par Frenhofer sur la copie de ce tableau, dessinée et exécutée à la sanguine sous ses yeux, par le Poussin :

« — Voilà qui n'est pas mal pour un commençant, dit le singulier personnage qui discourait si follement. Je vois que l'on peut parler peinture devant toi. Je ne te blâme pas d'avoir admiré la sainte de Porbus. C'est un chef-d'œuvre pour tout le monde, et les initiés aux plus *profonds arcanes* de l'art peuvent seuls découvrir en quoi elle pèche. Mais puisque tu es digne de la leçon, et capable de comprendre, je vais te faire voir combien peu de chose il faudrait pour compléter cette œuvre. Sois tout œil et toute attention, une pareille occasion de t'instruire ne se représentera peut-être jamais. Ta palette, Porbus !

» Porbus alla chercher palette et pinceaux. Le petit vieillard retroussa ses manches avec un mouvement de brusquerie convulsive, passa son pouce dans la palette diaprée et chargée de tons que Porbus lui tendait. Il lui arracha des mains plutôt qu'il ne les prit une poignée de brosses de toutes dimensions, et sa barbe taillée en pointe se remua soudain par des efforts menaçants qui exprimaient le prurit d'une amoureuse fantaisie. Tout en chargeant son pinceau de couleur, il grommelait entre ses dents : « Voici des tons bons à jeter par la fenêtre

» avec celui qui les a composés. Ils sont d'une
» crudité et d'une fausseté révoltantes. Com-
» ment peindre avec cela? ». Puis il trempait
avec une vivacité fébrile la pointe de la
brosse dans les différents tas de couleurs,
dont il parcourait quelquefois la gamme
entière, plus rapidement qu'un organiste
de cathédrale ne parcourt l'étendue de son
clavier à l'*O Filii* de Pâques.

» Porbus et Poussin se tenaient immobiles
chacun d'un côté de la toile, plongés dans
la plus véhémente contemplation.

» — Vois-tu, jeune homme, disait le vieillard sans se détourner, vois-tu comme au
moyen de trois ou quatre touches et d'un
petit glacis bleuâtre, on pouvait faire circuler l'air autour de la tête de cette pauvre
sainte, qui devait étouffer et se sentir prise
dans cette atmosphère épaisse ? Regarde
comme cette draperie voltige à présent et
comme on comprend que la brise la sou-
lève! Auparavant, elle avait l'air d'une toile

empesée et soutenue par des épingles. Remarques-tu comme le luisant satiné que je viens de poser sur la poitrine rend bien la grasse souplesse d'une peau de jeune fille, et comme le ton mélangé de brun rouge et d'ocre calcinée réchauffe la grise froideur de cette grande ombre, où le sang se figeait au lieu de courir? Jeune homme, jeune homme, ce que je te montre là, aucun maître ne pourrait te l'enseigner. Mabuse seul possédait le secret de donner de la vie aux figures. Mabuse n'a eu qu'un élève, qui est moi. Je n'en ai pas eu, et je suis vieux! Tu as assez d'intelligence pour deviner le reste par ce que je te laisse entrevoir.

» Tout en parlant, l'étrange vieillard touchait à toutes les parties du tableau; ici deux coups de pinceau, là un seul, mais toujours si à propos qu'on aurait dit une nouvelle peinture, mais une peinture trempée de lumière. Il travaillait avec une ardeur si passionnée que la sueur perlait sur

son front dépouillé. Il allait si rapidement
par de petits mouvements si impatients,
si saccadés, que, pour le jeune Poussin,
il semblait qu'il y eût dans le corps de ce
bizarre personnage un démon qui agissait
par ses mains en les prenant fantastique-
ment contre le gré de l'homme. L'éclat sur-
naturel de ses yeux, ses convulsions qui
semblaient l'effet d'une résistance, donnaient
à cette idée un semblant de vérité qui devait agir sur une jeune imagination. *Le
vieillard allait*, disant : « Paf, paf, paf! voilà
» comment cela se beurre, jeune homme !
» venez, mes petites touches, faites-moi rous-
» sir ce ton glacial ! Allons donc ! Pon ! pon !
» pon ! » disait-il, en réchauffant les parties
où il avait signalé un défaut de vie, en fai-
sant disparaître par quelques plaques de
couleur les différences de tempérament,
et rétablissant l'unité de ton que voulait
une ardente Égyptienne.

» — Vois-tu, petit, il n'y a que le dernier

coup de pinceau qui compte. Porbus en a donné cent; moi, je n'en donne qu'un. Personne ne nous sait gré de ce qui est en dessous. Sache bien cela !

» Enfin ce démon s'arrêta, et se tournant vers Porbus et Poussin, muets d'admiration, il leur dit :

» — Cela ne vaut pas encore ma *Belle-Noiseuse*. Cependant, on pourrait mettre son nom au bas d'une pareille œuvre. Oui, je la signerais, ajouta-t-il en se levant pour prendre un miroir dans lequel il la regarda. Maintenant, allons déjeuner, dit-il. »

La réplique de Frenhofer, quand Porbus lui demande timidement à voir son chef-d'œuvre caché, est un véritable cours de peinture et de dessin :

» — Montrer mon œuvre ! s'écria le vieillard tout ému. Non, non, je dois la perfectionner encore. Hier, vers le soir, dit-il, j'ai cru avoir fini. Ses yeux me semblaient humides, sa chair était agitée, les tresses de ses cheveux remuaient. Elle respirait! Quoique j'aie trouvé le moyen de réaliser sur une toile plate le relief et la rondeur de la nature, ce matin, au jour, j'ai reconnu mon erreur. Ah ! pour arriver à ce résultat glorieux, j'ai étudié à fond les grands maîtres du coloris; j'ai analysé et soulevé, couche par couche, les tableaux de Titien, ce roi de la lumière; j'ai, comme ce peintre souverain, ébauché ma figure dans un ton clair, avec une pâte souple et nourrie, car l'ombre n'est qu'un accident, retiens cela, petit. Puis, je suis revenu sur mon œuvre et, au moyen de demi-teintes et de glacis dont je diminuais de plus en plus la transparence, j'ai rendu les ombres les plus vigoureuses et jusqu'aux noirs les plus fouillés, car les ombres des peintres ordinaires sont d'une autre nature que leurs tons éclairés; c'est du bois, de l'airain, c'est tout ce que vous voudrez, excepté de la chair dans l'ombre. On sent que si leur figure changeait de position, les places ombrées ne se nettoieraient pas et ne deviendraient pas lumineuses. J'ai évité ce défaut, où beaucoup d'entre les plus illustres sont tombés, et chez moi la blancheur se révèle sous l'opacité de l'ombre la plus soutenue! Comme une foule d'ignorants, qui s'imaginent dessiner correctement parce qu'ils font un trait soigneusement ébarbé, je n'ai pas marqué sèchement les bords extérieurs de ma figure et fait ressortir jusqu'au moindre détail anatomique, car le corps humain ne finit pas par des lignes. En cela les sculpteurs peuvent plus approcher de la vérité que nous autres. La nature comporte une suite de rondeurs qui s'enveloppent les unes dans les autres. Rigoureusement parlant, le dessin n'existe pas! Ne riez pas, jeune homme! Quelque singulier que vous paraisse ce mot, vous en comprendrez quelque jour les raisons. La ligne est le moyen par lequel l'homme se rend compte de l'effet de la lumière sur les objets; mais il n'y a pas de lignes dans la nature, où tout est plein. C'est en modelant qu'on dessine, c'est-à-dire qu'on détache les choses du milieu où elles sont; la distribution du jour donne seule l'apparence aux corps! Aussi n'ai-je pas arrêté les linéaments; j'ai répandu sur les contours un nuage de demi-teintes blondes et chaudes qui fait que l'on ne saurait précisément poser le doigt sur la place où les contours se rencontrent avec les fonds. De près, ce travail semble cotonneux et paraît manquer de précision; mais, à deux pas, tout se raffermit s'arrête et se détache; le corps tourne, les formes deviennent saillantes; l'on sent l'air circuler tout autour. Cependant je ne suis pas encore content, j'ai des doutes. Peut-être faudrait-il ne pas dessiner un seul trait, et vaudrait-il mieux attaquer une figure par le milieu, en s'attachant d'abord aux saillies les plus éclairées pour

passer ensuite aux portions les plus som-
bres. N'est-ce pas ainsi que procède le soleil,
ce divin peintre de l'univers? O nature,
nature! qui jamais t'a surprise dans tes
fuites! Tenez, le trop de science, de même
que l'ignorance, arrive à une négation. Je
doute de mon œuvre! »

Puis, en 1831, Frenhofer disait, en parlant de la beauté sans défaut qu'il n'avait
jamais pu rencontrer : « Mais j'irai te chercher dans les limbes, beauté céleste! Comme
Orphée, je descendrai dans l'enfer de l'art
pour en ramener la vie. » Et, en signalant
les effets de perspective de son chef-d'œuvre,
apparus à ses seuls yeux : « N'est-ce pas le
même phénomène que nous présentent les
objets, qui sont dans l'atmosphère comme
les poissons dans l'eau? »

De même, à propos des bizarreries de
Frenhofer, on lisait, dans la première version,
ces quelques lignes placées après les ré-

flexions du Poussin sur ce vieillard. Balzac les a supprimées ensuite, ainsi que les deux citations précédentes :

« Pour toutes ces singularités, l'idiome moderne n'a qu'un mot : c'était *indéfinissable !...* Admirable expression ! En effet, elle résume la littérature fantastique ; elle formule tout ce qui échappe aux perceptions bornées de notre esprit ; et, quand vous l'avez placée sous les yeux d'un lecteur, il est lancé dans l'espace imaginaire ; alors le fantastique se trouve tout germé ; il pointe, comme une herbe verte, au sein de l'incompréhensible et de l'impuissance... »

Puis, dans les conseils que Porbus donne à son tour au Poussin, on lit aujourd'hui le jugement suivant sur Frenhofer, mis à la place de ces mots : « Frenhofer est un homme passionné pour notre art, et qui vit dans la couleur !...

« Frenhofer est un homme passionné pour notre art, qui voit plus haut et plus loin que les autres peintres. Il a profondément médité sur les couleurs, sur la vérité absolue de la ligne; mais à force de recherches, il est arrivé à douter de l'objet même de ses recherches. Dans ses moments de désespoir, il prétend que le dessin n'existe pas, et qu'on ne peut rendre avec des traits que des figures géométriques, ce qui est *au delà du vrai*, puisque avec le trait et le noir, qui n'est pas une couleur, on peut faire une figure; ce qui prouve que notre art est, comme la nature, composé d'une infinité d'éléments. Le dessin donne un squelette, la couleur est la vie; mais la vie sans le squelette est une chose plus incomplète que le squelette sans la vie. Enfin, il y a quelque chose de plus vrai que tout ceci, c'est que la pratique et l'observation sont tout chez un peintre, et que si le raisonnement et la poésie se querellent avec les brosses, on arrive au doute, comme le bonhomme, qui est aussi fou que peintre. Peintre sublime, il a eu le malheur de naître riche, ce qui lui a permis de divaguer. Ne l'imitez pas! Travaillez! Les peintres ne doivent méditer que les brosses à la main. »

Voici enfin les quelques lignes ajoutées au deuxième chapitre, à l'endroit où Frenhofer explique à Porbus ce qu'il voit sur son propre tableau. Nous en donnons en note le texte primitif [1] :

« Mais aussi, mon cher Porbus, regarde attentivement mon travail, et tu comprendras mieux ce que je te disais sur la manière de traiter le modelé et les contours. Regarde

---

1. « Mais aussi, mon cher Porbus, regarde attentivement mon travail, et tu comprendras mieux ce que je te disais relativement à la manière dont les Flamands et les Italiens traitent la lumière et le contour... En dessinant purement la ligne d'après les enseignements du Pérugin, j'ai légèrement dégradé la lumière par des demi-tons que j'ai longtemps étudiés, et au lieu d'empâter le dehors de la ligne, j'ai disposé des ombres dans la lumière. — Approchez!... vous verrez mieux ce travail. – De loin, il disparaît... Tenez, là, il est, je crois, très remarquable... »

la lumière du sein et vois comme, par une suite de touches et de rehauts fortement empâtés, je suis parvenu à accrocher la véritable lumière et à la combiner avec la blancheur luisante des tons éclairés, et comme, par un travail contraire, en effaçant les saillies et le grain de la pâte, j'ai pu, à force de caresser le contour de ma figure, noyé dans la demi-teinte, ôter jusqu'à l'idée de dessin et de moyens artificiels, et lui donner l'aspect et la rondeur même de la nature. Approchez, vous verrez mieux ce travail. De loin, il disparaît. Tenez ! là, il est, je crois, très remarquable. »

Ces citations, si concluantes à nos yeux, feront apprécier en tout cas quelle est la base de notre opinion. Elles portent toutes, à notre avis, l'empreinte artistique et le caractère spécial aux travaux d'art dus à la plume de l'auteur du *Capitaine Fracasse*.

III

Depuis 1837 jusqu'à la mort de Balzac
(1850), les relations des deux écrivains se
continuèrent avec la même intimité, et elles
ne firent qu'affermir entre eux l'appréciation
réciproque de leur mutuelle valeur. Balzac,
à qui son style laborieux et tourmenté causa
toujours tant d'angoisses, et qui, jusqu'à la
fin de son existence, se désespéra de ne pouvoir s'en créer un bien personnel, Balzac
admirait surtout chez le poète sa superbe
langue, si souple, si harmonieuse, et ce don

particulier qui lui faisait trouver sans effort
ni recherche tous les mots dont il avait besoin. Aucune trace de ces rivalités jalouses,
qui troublent trop souvent les relations des
hommes de lettres entre eux, n'apparut
jamais dans leurs rapports, et tous deux ne
cessèrent de s'entr'aider dans cette carrière
littéraire, si rude à suivre pour la plupart
de ceux qui l'embrassent.

Théophile Gautier, grâce à son feuilleton
théâtral de *la Presse*, ne cessa jamais de
soutenir les œuvres scéniques de son ami.
C'est ainsi qu'il rendit compte de la lecture
de *l'École des ménages*, de la représentation
de *Vautrin*, de *Paméla Giraud*, de *la Marâtre*
et de *Mercadet*, mais non de celle des *Ressources de Quinola* (19 mars 1842), pièce dont
il ne fut fait mention par personne dans *la
Presse*, probablement à la suite d'un mot
d'ordre donné par M. de Girardin. Celui-ci
ripostait sans doute par ce silence à la façon
dont Balzac avait composé, lors de la pre-

mière représentation de son œuvre, la salle de l'Odéon, dont il avait exclu ce soir-là certains journalistes au profit de nombreuses personnalités mondaines.

Mais nous aurons d'ailleurs à revenir sur plusieurs des comptes rendus dont nous venons de parler.

Gautier, de plus, protesta sans relâche dans *la Presse* contre l'indélicatesse des écrivains peu scrupuleux, qui, sans même indiquer le nom de leur victime, — celui du premier créateur de l'œuvre, — mettaient à la scène de nombreux sujets empruntés surtout aux auteurs contemporains en vogue et, par conséquent, à Balzac plus qu'à personne. Bien que cet usage fût général à cette époque, le critique éleva la voix en toute occasion contre une telle piraterie, et fit servir constamment sa plume à la défense d'un droit devenu fort heureusement incontesté depuis lors.

De son côté, Balzac cita et défendit plus

d'une fois soit des appréciations du poète, soit
ses opinions elles-mêmes. Or, Gautier, traité
alors d'écrivain paradoxal par excellence,
et de simple homme d'esprit, — c'est-à-dire
sans aucun mérite de fond quelconque, —
appréciait à sa valeur le jugement sérieux que
son ami portait et imprimait ainsi sur ses
écrits et ses façons de penser.

Et combien de ces soi-disant paradoxes
sont devenus des vérités incontestées, accep-
tées aujourd'hui par tous, particulièrement
en ce qui touche les questions relatives au
théâtre et à l'art théâtral ! Nul plus que
Théophile Gautier n'a combattu, par exemple, pour faire arriver à la scène les œuvres
des écrivains littéraires. Victor Hugo, George
Sand et surtout Alfred de Musset, lui doivent plus qu'à personne leur triomphe définitif, et la remise à leur véritable rang des
carcassiers sans style et sans art qui, en ces
temps déjà lointains, accaparaient presque
seuls les planches.

Mademoiselle de Maupin, nous l'avons dit, avait émerveillé Balzac. Une phrase délicieuse, sur *l'idéal*, enchâssée dans le chapitre X, lui plut à tel point qu'à quatre ans de distance il la cita deux fois, la première dans le dernier feuilleton d'*Une Fille d'Ève* (*le Siècle*, 14 janvier 1839), et la seconde comme épigraphe d'*Honorine* (*la Presse*, 17 mars 1843). Mais le nom de l'auteur n'est plus indiqué aujourd'hui dans *Une Fille d'Ève*, car *la Comédie humaine* le désigne seulement comme : « un des plus remarquables poètes de ce temps ».

Les essais et les projets scéniques avaient beaucoup plus occupé Balzac au début de sa carrière que tous les autres genres d'œuvres d'imagination. Comme on le sait, il y revint plus d'une fois dans la suite, et commença, en mars 1838, pendant son excursion en Sardaigne, une étude dramatique encore inédite aujourd'hui : *l'École des ménages*, dont nous possédons le texte sous la forme d'une épreuve d'imprimerie, corrigée de la main de l'auteur, épreuve analogue à celle dont Théophile Gautier parle plus loin à propos de *Mercadet*.

Racontant dans le chapitre suivant les aventures de *l'École des ménages*, nous nous bornerons à dire ici que cette pièce fut lue par l'auteur lui-même chez le marquis de Custine, le 8 mars 1839, dans une brillante soirée littéraire à laquelle fut convoqué le tout Paris intellectuel et artistique de l'époque, puis à citer ce qu'écrivit Théophile Gautier à propos de cette lecture.

Le marquis de Custine aimait, on le sait, à protéger les arts, et l'on n'a pas encore oublié l'audition, qui eut lieu chez lui, des beaux vers de Théophile Gautier consacrés au tableau de Louis Boulanger, *le Triomphe de Pétrarque*, et récités par l'auteur devant l'œuvre elle-même. Cette toile, la propriété de M. de Custine à cette époque, est aujour-

d'hui perdue ; le fait est d'autant plus regrettable que la plupart des personnages
figuraient des portraits véritables, pour lesquels tous les amis du peintre romantique
avaient posé.

Nous avons retrouvé la lettre inédite de
M. de Custine proposant au poète de venir
ainsi déclamer lui-même ses strophes, et
nous sommes heureux de la faire connaître
à nos lecteurs :

« Ce dimanche.

» M. Boulanger m'assure, Monsieur, que
vous voudrez bien venir demain, entre deux
.et quatre heures, juger de l'effet de l'ouvrage que vous avez chanté. J'aurais été
vous en prier moi-même sans une indispo-
sition qui m'a empêché de sortir jusqu'à
présent.

» Si vous vouliez réciter vos beaux vers
devant le tableau qui vous les a inspirés, et
en présence de Victor Hugo, vous doteriez

ma maison d'un souvenir dont je serais reconnaissant et fier.

» Recevez, je vous prie, l'assurance de ma considération la plus distinguée.

» A. DE CUSTINE. »

Mais revenons à la lecture de *l'École des ménages*. Parmi les critiques, Pierre Durand (Eugène Guinot), dans *le Siècle* (17 mars 1839), et Théophile Gautier, dans *la Presse* (11 mars 1839), rendirent compte, entre autres, de cette solennité, sans déflorer le sujet de l'ouvrage, car Balzac comptait bien alors le voir arriver un jour à la scène. Le feuilleton de *la Presse* parle d'abord de quelques insignifiants vaudevilles, dont l'un, intitulé *Dieu vous bénisse!* a pour point de départ une anecdote empruntée sans vergogne à *la Physiologie du mariage*. La transition est ainsi toute trouvée pour arriver à la pièce inédite et aux autres projets scéniques de Balzac en 1839:

« ... A propos de *la Physiologie du mariage*, M. de Balzac a lu l'autre soir chez le marquis de C..., devant le plus brillant auditoire, une comédie en cinq actes, intitulée : *l'École des ménages*, où l'on retrouve la science du cœur humain, l'analyse fine et puissante, et l'exacte observation de mœurs qui ont valu à ses romans de si nombreux lecteurs.

» Une autre comédie, aussi en cinq actes, doit être lue, si elle ne l'a été déjà, au Théâtre-Français, et a pour nom *les Mercadets*.

» M. de Balzac, que l'éditeur Souverain appelle dans ses réclames *le plus fécond de nos romanciers,* sera bientôt *le plus fécond de nos vaudevillistes*, car il a aussi fait pour Bouffé une pièce en trois actes, intitulée *Richard Cœur-d'Éponge*, sans parler d'un mélodrame destiné à la Porte-Saint-Martin, qui s'appelle *la Gina*, et qui fera pâlir les complications de *la Tour de Nesle*.

» Nous sommes charmé que M. de Balzac aborde enfin le théâtre. Depuis longtemps nous demandons pourquoi la scène est abandonnée aux plates médiocrités. Le plaisir du théâtre n'existe pas à Paris pour les gens qui ont fait leurs études et savent leur langue. Des esprits délicats ne sauraient prendre aucun intérêt aux productions sans esprit, sans étude et sans style des fournisseurs de la denrée dramatique. Que M. Alfred de Musset, le délicieux auteur des *Caprices de Marianne* et le poëte de *Lorenzaccio* ; que Méry, ce volcan de saillies toujours en éruption ; que Mérimée, qui a fait le *Théâtre de Clara Gazul* ; que Janin, cet esprit d'un enjouement si facile, et d'une plaisanterie si fine et si légère ; que George Sand, cette grande passion, s'emparent de la scène, et ne permettent plus aux barbares de s'y montrer ! Ce sera là un beau et noble spectacle, et nous louons M. de Balzac d'avoir pris l'initiative... »

Sauf *Mercadet*, aucun de ces projets n'est arrivé jusqu'au public. Nous possédons, datant d'époques bien différentes, de nombreux fragments de *Richard Cœur-d'Éponge*, dont l'auteur s'occupa toute sa vie, et dont la seule version complète, remise, dit-on, à Frédérick Lemaître, aurait, paraît-il, été perdue par lui. Pendant plusieurs années, Balzac voulut même écrire à nouveau cette pièce, en collaboration avec Théophile Gautier, et sa correspondance publiée aussi bien que celle non encore mise au jour, témoigne de la persistance de ce désir.

C'est sans doute à propos d'un rendez-vous demandé pour traiter cette question que Théophile Gautier adressa à Balzac la lettre inédite que voici :

« Ce 29 juin 1847.

» Mon cher maître,

» Je suis tout à votre disposition pour samedi, et je ne doute pas que le coin où

vous m'emmènerez ne soit un bon coin.
J'irai à votre manoir vous prendre, sur les
cinq heures, muni d'un appétit honnête et
modéré, et nous causerons tant que vous
voudrez de plusieurs choses et de beaucoup
d'autres.

» Tout à vous, et à bientôt.

» THÉOPHILE GAUTIER. »

Balzac venait précisément de s'installer
dans son *manoir* (?) de la rue Fortunée, 14,
où il mourut trois ans plus tard, quelques
semaines seulement après son retour de
Russie. Comme on le sait, cette maison,
récemment détruite, était l'ancienne *Folie* du
financier Beaujon.

En ce qui concerne *la Gina*, quelques notes
tout à fait sommaires du plan de cet ouvrage existent seules à notre connaissance,
et sont aujourd'hui entre nos mains.

IV

C'est dans la préface d'*un Grand Homme de province à Paris*, datée d'avril 1839 (préface supprimée dans *la Comédie humaine*), que, pour la première fois, si nous ne nous trompons, Balzac imprima un jugement sur l'une des œuvres de son ami. La place en était bien choisie, en tête d'un ouvrage auquel le poète avait fourni secrètement le sonnet *la Tulipe*, et dont chaque page fustigeait sans merci les déplorables mœurs littéraires communes à la plupart des journalistes de cette époque. Aussi ces pages ne furent-elles jamais pardonnées à Balzac. Il leur dut la plus grande partie des haines ardentes que lui vouèrent, surtout depuis lors, presque tous les membres de la presse de son temps.

Voici cette page du maître, à peu près inconnue, comme le sont du reste la plupart de celles que nous avons déjà citées et citerons encore ici :

« ... Comment, par un temps où chacun va cherchant des sujets neufs, aucune plume n'ose-t-elle s'exercer sur les mœurs horriblement comiques de la presse, les seules originales de notre siècle? L'auteur manquerait cependant à la justice, s'il oubliait de mentionner la magnifique préface d'un livre magnifique, *Mademoiselle de Maupin*, où M. Théophile Gautier est entré, fouet en main, éperonné, botté, comme Louis XIV à son fameux lit de justice, au plein cœur

du journalisme. Cette œuvre de verve comique, disons mieux, cet acte de courage a
prouvé le danger de l'entreprise. Le livre,
une des plus artistes, des plus verdoyantes,
des plus pimpantes, des plus vigoureuses
compositions de notre époque, d'une allure
si vive, d'une tournure si contraire au commun de nos livres, a-t-il eu tout son succès? En a-t-on suffisamment parlé? L'un des
rares articles qui le fustigèrent fut plutôt
dirigé contre la parcimonie du libraire, qui
refusait des exemplaires au journal, que
contre le jeune et audacieux auteur...

» Croyez-vous que de nobles esprits, que
beaucoup d'âmes indignées aient applaudi
à la préface de M. Théophile Gautier? Le
monde a-t-il honoré, célébré, la comique
poésie avec laquelle ce poète a dépeint la
profonde corruption, l'immoralité de ces sy-
cophantes, qui se plaignent de la corruption,
de l'immoralité du pouvoir? Quelle épouvantable chose que la tiédeur des honnêtes

4

gens! Ils s'occupent de leurs blessures et traitent en ennemis les médecins! Le monde regarde cette délicieuse arabesque comme dangereuse, quand il ne craint pas d'exposer aux regards quelque *Léda* de Gérard, quelque *Bacchante* de Girodet, qui est cependant, en peinture, ce qu'est le livre en poésie... »

Ensuite, comme témoignage irrécusable de son amitié, le 20 août suivant, l'auteur de *la Comédie humaine* dédia, dans *la Presse*, à l'auteur de *la Comédie de la mort*, *les Secrets de la princesse de Cadignan*, — récit qui portait alors pour titre : *la Princesse parisienne.* La première édition de ce même ouvrage en librairie s'ouvre par cette flatteuse mention :

A Théophile Gautier,

Son ami,

H. DE BALZAC.

En ce même temps, Balzac fut violemment ému par la publication d'une charge

le concernant, dont le journal *les Écoles* du
5 septembre 1839 se fit l'éditeur respon-
sable. Elle le représentait dans des conditions aussi inexactes que révoltantes, et la
Correspondance du maître contient la lettre
que, dans ce même mois de septembre, il
écrivit à ce sujet au procureur du roi. Il avait
sans doute communiqué le corps du délit à
Théophile Gautier, car nous avons retrouvé
dans les papiers de ce dernier ce petit mot
autographe jeté sur une feuille de papier à
lettre portant l'en-tête imprimé du *Charivari* :

« Ma chère Victorine,

» Donnez ma lithographie à la personne
qui vous portera ce petit mot.

» DE BALZAC. »

M. Arsène Houssaye a longuement parlé
de cette Victorine dans ses *Confessions*,
ainsi que des chocs sans nombre qui mar-

quèrent ses longues relations avec l'auteur de *Fortunio*.

Au mois d'août de cette même année 1839, *la Presse* avait publié la jolie nouvelle de Théophile Gautier intitulée : *la Toison d'or*. Quelque temps après, celui-ci la fit lire à son ami, comme le prouve cette lettre inédite dont nous possédons l'autographe :

« Paris, 24 décembre 1839.

» Mon cher Théo,

» Vous avez joliment bien fait de m'envoyer *la Toison d'or*. Elle était serrée, comme un trésor qu'elle est, et je l'ai rapportée. Il m'est impossible d'aller de votre côté. Vous la trouverez chez mon portier, à votre adresse. Mais, comme l'*assemblée générale* a lieu demain, et qu'elle a lieu tout près, chez Lemardelay, vous pourrez la prendre en vous y rendant ou en en sortant.

» Votre tout dévoué,

» DE BALZAC. »

Cette assemblée générale n'était autre que la réunion annuelle de la Société des gens de lettres, fondée le 31 décembre 1837, et dont Balzac faisait partie depuis le 28 décembre 1838. Il en était président à la fin de 1839, ainsi que nous l'apprend M. Édouard Montagne, dans sa très intéressante *Histoire de la Société des gens de lettres.*

C'est assurément en 1839 aussi que Gautier écrivit à Balzac ce petit billet inédit :

« Mon cher ami,

» D'abord, mille remerciements de votre charmante obligeance; puis, mille excuses pour ne pouvoir aller aux Jardies. Le *sacrosainct* copie n'est pas achevé. Venez pâturer un matin. En tout cas, à demain, où vous savez.

» THÉOPHILE GAUTIER. »

Le rendez-vous en question devait peut-être avoir lieu précisément au logis de cette

Victorine, dont nous avons parlé plus haut, car le poète aimait à recevoir ses amis chez elle.

En 1840, le vif succès des *Guêpes*, d'Alphonse Karr, fit naître chez le grand Honoré l'idée de fonder *la Revue parisienne*, dont la publication ne se prolongea malheureusement pas au delà de trois numéros. Nous trouvons dans les deux derniers (25 août et 25 septembre) ces lignes intéressantes sur l'auteur de *la Toison d'or* :

« ... Le Languedoc nous a envoyé M. Théophile Gautier et un jeune homme qui lance son premier livre, M. Édouard Ourliac. Je m'en occuperai dans ma prochaine lettre, parce que je connais de lui des fragments pleins de comique, et recommandables par une certaine puissance de dialogue. Madame Émile de Girardin en a parlé la première, à propos de pièces qui faisaient mourir de rire les enfants. MM. Théophile

Gautier, Granier de Cassagnac et Ourliac
appartiennent à cette pléiade de jeunes talents qui, les premiers, ont franchement
salué M. Victor Hugo comme un grand
poète, et pour moi ce courage de l'admiration me paraît une marque de supériorité... »

Après avoir énuméré, dans le numéro du
25 septembre, les noms des plus éminents
adeptes de l'école dite de la littérature à
images, Balzac ajoute :

« ... Tous ces poètes ont peu le sentiment
du comique ; ils ignorent le dialogue, à
l'exception de M. Gautier, qui en a un vif
sentiment... »

Mais une des preuves les plus curieuses
de l'attention soutenue avec laquelle l'auteur
de *la Comédie humaine* suivait la production
littéraire de son ami, se rencontre dans le

premier feuilleton des *Lecamus* (*le Martyr
calviniste*), paru dans *le Siècle* du 23 mai 1841.
Il y rappelle, en effet, en ces termes, un
article publié dans *la Presse*, le 4 novembre 1839, près d'un an et demi auparavant :

« Dernièrement, Théophile Gautier, **un**
de nos poètes les plus distingués, dont la
prose vaut, d'ailleurs, la poésie, et dont
l'instruction doit être remarquée par ce
temps où la plupart des écrivains ne savent
rien, était obligé de rétablir la véritable or-
thographe de ce mot (*vair*) pour l'instruction de ses confrères les feuilletonnistes, en
rendant compte de *la Cenerentola*, où la pantoufle symbolique est remplacée par un
anneau qui signifie peu de chose... »

Ces lignes se retrouvent encore sans altéra-
tions dans la première édition de librairie du
Martyr calviniste, mais elles ont été fort modifiées dans la version de *la Comédie humaine,*

où le nom de Théophile Gautier n'est plus imprimé.

Que dirait aujourd'hui Balzac de cette ignorance toujours croissante des critiques, s'il avait lu, par exemple, dans l'article intitulé : *Sur Victor Hugo et la critique*, publié récemment par l'un des plus sérieux journaux quotidiens de Paris (30 juillet 1893), l'inconcevable reproche, précisément adressé à Théophile Gautier, de ne s'être point occupé de Charles Nodier, dans son *Histoire du romantisme !* Or, comme chacun le sait, quelques chapitres de ce livre ont seuls été écrits , la mort ayant fait tomber la plume des mains du grand Théo alors que l'œuvre était à peine commencée, et ces chapitres, imprimés en volume, ne font que cent quatorze pages. Tout cela, d'ailleurs, est indiqué dans l'ouvrage même par des points de suspension placés à la fin du dernier fragment recueilli. Néanmoins, cette grossière erreur, que le simple esprit de justice, à défaut

de probité littéraire, eût dû faire reconnaître,
n'a été depuis lors ni relevée ni rectifiée[1].

Chose tout à fait inconnue, Gautier écrivit encore pour Balzac la soi-disant traduction en prose de deux sonnets espagnols
insérée dans les *Mémoires de deux jeunes
mariées*. Elle parut pour la première fois
dans *la Presse* du 6 décembre 1841, où
rien n'indique, bien entendu, son véritable
auteur. Mais nous possédons l'autographe
des deux pièces, provenant du célèbre Honoré lui-même, et portant en tête cette
mention de la main de Gautier : « A son
ami Balzac. »

Une phrase relative au personnage de
de Canalis, et tout à fait flatteuse pour l'auteur d'*Albertus*, se trouve, en outre, dans
Modeste Mignon. La voici :

« De tous les poètes de ce temps, trois

1. Voir à l'*Appendice*, p. 291.

seulement, Hugo, Théophile Gautier, de Vigny, ont pu réunir la double gloire du poète et du prosateur, que réunirent aussi Racine et Voltaire, Molière et Rabelais, une des plus rares distinctions de la littérature française et qui doit signaler un poète entre tous. »

C'est le *Journal des Débats*, où *Modeste Mignon* parut en feuilletons avant d'être imprimée en volumes, qui, dans son numéro du 11 avril 1844, publia ces lignes pour la première fois.

C'est encore à Gautier que l'auteur des *Mémoires de deux jeunes mariées* s'adressa pour écrire quelques lignes d'introduction en tête des chapitres des *Petites Misères de la vie conjugale* destinés à *la Presse* (2 décembre 1845). Puis, le 22 du même mois, le bon Théo amena le grand romancier à l'hôtel Pimodan, et le fit participer à l'une de ces séances de haschisch dont notre poète a raconté lui-même les détails dans *le Club des Hachichins* et dans sa notice sur *Charles Baudelaire*. Mais la forte tête de Balzac résista au poison, et il n'éprouva point les sensations annoncées.

Quand le maître songea, en avril 1847, à faire résumer les trois premières parties de : *Splendeurs et Misères des courtisanes* en un grand article narratif, qui eût précédé dans *la Presse* l'insertion de la conclusion de son œuvre : *la Dernière Incarnation de Vautrin*, c'est toujours à Gautier qu'il pensa pour l'écrire. Mais ce projet fut abandonné.

Même absent de Paris, quand il était installé à Wierzchownia, au fond de l'Ukraine, Balzac n'oubliait pas son ami. Il lui adressait ainsi le 9 février 1849, par l'intermédiaire de Laurent Jan, ses affectueux souvenirs, joints à d'aimables paroles sur ses articles de *la Presse* et la sensation qu'ils produisaient en Allemagne [1].

1. Voir, page 247, ce qu'à ce propos L. Jan répond à Balzac.

Enfin, parmi toutes les lettres de Balzac publiées jusqu'ici, celle qui porte la date la plus rapprochée de celle de sa mort est adressée à Théophile Gautier. Daté du 20 juin 1850, l'autographe, sauf quelques mots et la signature, est entièrement écrit par madame de Balzac sous la dictée de son mari. Le poète en a donné, en 1859, le fac-similé dans son volume : *Honoré de Balzac*, dont nous avons parlé en commençant ces lignes, et cette lettre termine aussi la *Correspondance* imprimée du grand romancier. L'original, resté aux mains de M. Poulet-Malassis, l'éditeur d'*Honoré de Balzac*, fut vainement réclamé par Théophile Gautier pendant de longues années. A la vente après décès de son détenteur, il fut acquis par M. Charles Asselineau, et fait aujourd'hui partie de la belle collection de documents manuscrits et autographes rassemblée en Angleterre par M. Alfred Morrisson.

V

Huit ans avant de publier l'ouvrage dont il vient d'être question, Théophile Gautier, en rendant compte de *Mercadet* (*la Presse*, 1er septembre 1851), parla pour la première fois de cette lettre, et donna en même temps ces intéressants détails sur la façon cruelle dont il avait appris la mort de son ami :

« L'année dernière, au mois d'août, — comme le temps passe ! — nous étions à Venise, sur la place Saint-Marc, devant le café Florian, occupé à déguster une glace, lorsqu'un numéro du *Journal des Débats*, la seule feuille dont l'entrée soit libre dans ce pays absolutiste, nous fut apporté par le garçon qui, à notre italien, nous avait sur-le-champ reconnu Français.

» Ce journal annonçait la mort de Balzac. Cette nouvelle nous fit l'impression la plus profonde. Nous avions beaucoup connu Balzac et des liens d'amitié littéraire nous unissaient depuis longtemps. Nous le savions très malade; mais sa constitution robuste nous faisait croire qu'il sortirait vainqueur de l'épreuve. Avant de partir, nous étions allé pour le voir; il était sorti en calèche, et cela nous avait rassuré sur son compte. Une lettre écrite par sa femme, et au bas de laquelle il avait ajouté quelques mots, les derniers peut-être qu'il ait tracés : « Je ne puis ni lire ni écrire », nous assignait un autre rendez-vous que les préoccupations d'une absence, qui devait durer quatre mois, nous firent manquer à notre grand regret. Nous n'avions pu voir dans les journaux les bulletins de sa santé, et cette mort fatale, sue de tous en France, était inopinée pour nous.

. . . .

» Cette année, lorsqu'on a donné la première représentation de *Mercadet* [1], nous étions, à Londres, à visiter l'Inde [2]. Mais nous connaissions *Mercadet* depuis longtemps. Balzac nous l'avait lu, il y avait bien dix ans, dans sa forme primitive, aux Jardies, qu'il habitait alors, et avec quel sens, quelle variété d'intonations, quelle puissance comique, nulle plume ne saurait le redire. Aucune représentation n'égalera cette lecture. A la voix de l'auteur des silhouettes bizarres naissaient en foule : costumes, gestes, attitudes, grimaces, on devinait tout. Les créanciers pullulaient de toutes

1. Représenté pour la première fois quelques jours auparavant, le samedi 23 août.

2. A l'Exposition universelle de 1851.

parts; un chœur d'huissiers faisait ses évolutions autour du drame, et le papier timbré descendait en flocons, comme une neige perpétuelle dans une nuit du pôle. Il mettait au rôle de Mercadet un tourbillonnement, une puissance fascinatrice, un lyrisme, une verve de stratagème incroyables. Dans sa blanche robe de moine, gesticulant entre ses deux flambeaux chargés de sept bougies, remuant ses épais sourcils et sa crinière puissante, alors toute noire, il eût ébloui Frédérick Lemaître, et se fût fait prêter de l'argent par un garde du commerce.

» Nous avons lu ensuite la pièce nousmême, dans un de ces placards successifs que Balzac faisait tirer de tous ses manuscrits, car il disait ne pouvoir juger sa pièce que lorsqu'elle était imprimée, la chose prenant alors un cachet impersonnel qui la détachait de l'auteur, la constituait livre, et la rendait susceptible de critique et dépouillée des séductions que lui prêtait la déclamation de l'auteur. Elle nous avait paru un peu trop exubérante pour la scène, qui exige le raccourci et la perspective... »

Madame de Balzac remercia Gautier de cet article par l'intéressante lettre suivante; elle voit le jour pour la première fois :

« Merci, Monsieur, merci ! C'est tout ce que je puis vous dire. Merci pour *lui* qui vous a tant aimé ! Merci pour moi, qui ai tant souffert ! Depuis plus de huit jours je suis abreuvée de fiel, de venin, de poison ! Tant d'envie, tant de haine pour une gloire qui n'est plus qu'une tombe, qu'un souvenir ! Comprenez-vous cela, Monsieur ? Tant d'acharnement contre une femme seule, malheureuse, abandonnée, malade, sans appui et sans protection, et c'est en France que cela se passe !!... Il m'a fallu le voir, le subir, pour y croire.

» Mes yeux étaient secs, ma tête brûlante

fumait comme un volcan. Ce n'étaient pas des scories et des laves qui y bouillonnaient. Non, c'étaient de mauvaises passions, de l'indignation, de la colère, que sais-je? de misérables projets de vengeance, indignes de *lui* et de moi.

» Ces passions-là fatiguent bien une âme qui n'en a pas pris les rides et dont la surface est encore unie, quand, d'instinct, cette âme est bonasse, débonnaire, inoffensive, paisible; quand, surtout, elle a oublié les hommes et le monde dans une écrasante douleur et une réclusion d'une année.

» Aussi, que ne vous dois-je pas?... Vous avez mouillé les yeux secs, vous avez détendu le pauvre cœur crispé, vous avez éteint le volcan, vous m'avez fait oublier cette presse hypocrite et perverse à laquelle vous ne tenez que par votre supériorité et la distinction merveilleuse de votre talent.

» Soyez béni, Monsieur. Votre nom rayonnera désormais pour moi d'une lueur particulière entre les plus brillants de ce firmament de noms poétiques vers lequel se lèvent parfois mes yeux fatigués, avec le même sentiment qui fait contempler au prisonnier les étoiles à travers les barreaux de son cachot.

» Soyez béni; dans vos heureux jours, pensez aux bénédictions d'une amie inconnue; dans vos jours de tristesse, pensez aux amères et navrantes tristesses que vous avez consolées!

» Mais n'ayez pas de tristesse; ayez des jours heureux. C'est le vœu sincère et profond de celle qui vous serre la main avec affection et reconnaissance.

» ÈVE DE BALZAC. »

Cette lettre, dont les sentiments et la forme sont vraiment quelque peu exagérés, et qui, de plus, au moment même où l'auteur l'écrivait, s'accordait assez mal, il faut bien l'avouer, avec certaines particularités de son existence, cette lettre nous semble surtout curieuse par ses allusions au réveil des anciennes haines de la critique parisienne contre Balzac, et à leur déchaînement à l'occasion de la première représentation de *Mercadet*.

Quand madame Surville, après avoir d'abord fait paraître, en 1856, dans la *Revue de Paris* la vie de son frère, se décida, en 1858, à publier ce récit en volume, elle envoya un exemplaire du livre à Théophile Gautier, accompagné d'une lettre que nous allons aussi livrer pour la première fois à la publicité.

Nous avons retrouvé de plus, dans les papiers du poète, cette pensée de Balzac, écrite de la main de madame Surville. Elle est extraite de la scène première du premier acte des *Ressources de Quinola* :

« Et l'on parle du premier amour ! Je ne connais rien de terrible comme le dernier; il est strangulatoire !

» DE BALZAC. »

5.

Voici maintenant la lettre de madame Surville :

« Vous avez été l'ami de mon frère, Monsieur; ce titre, qui me méritera peut-être votre bienveillance, m'enhardit à vous envoyer ce livre.

» Faut-il vous l'avouer, d'ailleurs? Je suis heureuse de trouver l'occasion de vous remercier des lignes si empreintes d'affection que vous avez écrites sur mon frère dans un temps de bien douloureuse mémoire. Je me suis trouvée, un soir, à quelques pas de vous, et, si j'ai résisté alors à vous parler de ma gratitude, c'est que cette salle des Variétés où nous étions, et où le début d'un auteur de mes amis m'avait entraînée, s'alliait mal aux souvenirs que votre présence évoquait. Parler de tels souvenirs en ce lieu m'eût semblé comme une profanation.

» Mais, ici, l'expression de ma reconnaissance, quoique bien tardive, ne sera pas déplacée. Aussi vous priais-je de l'agréer avec toute sa verdeur, car le temps ne l'a pas affaiblie, et recevez aussi mes sentiments de haute considération.

> » L[AURE] SURVILLE,
> » née DE BALZAC. »

C'est à la pièce de **M.** Gaston de Montheau : *les Trois Ages des Variétés*, représentée pour la première fois sur ce théâtre, le 27 juin 1851, que madame Surville fait allusion dans cette lettre si sincèrement émue, et si touchante dans sa simplicité.

Arrivé au terme de notre voyage à travers les témoignages de cette longue intimité sans nuages, nous ne quitterons point la plume sans mettre au jour un dernier et précieux document, dont l'autographe nous appartient. Il s'agit d'une longue lettre inédite de Balzac à Théophile Gautier, alors directeur du feuilleton littéraire de *la Presse*.

« [Les Jardies], dimanche soir [28 avril 1839].

» Mon cher Gautier,

» Vous pourrez expliquer à **M.** de Girardin, la première fois que vous le verrez, d'abord que j'ai déjà corrigé les deux premiers chapitres de *Véronique*, et que durant cette semaine je corrigerai la seconde moitié. Cette seconde moitié est d'une excessive délicatesse à traiter. Il y a cela d'original dans *Véronique* que le drame est en dessous, comme [dans] *les Tascherons*, et ces deux profondeurs se répondent. Je ne croyais pas à la possibilité d'arriver à de tels effets en littérature. *Le Curé de village* dépasse mes espérances [1].

» Quant à l'autre proposition, elle est inadmissible. Vous savez que *le Siècle* me paie quarante feuilletons huit mille francs.

---

1. Tous les morceaux dont parle ici Balzac sont en effet des fragments du *Curé de village*.

» Mais voici ce qui est possible. J'ai deux ouvrages à publier, dont l'un est en manuscrit et fini. C'est *Qui a terre a guerre*, et les *Mitouflet, ou l'Élection en province*. Ces deux ouvrages sont entièrement consacrés à des doctrines sociales si opposées au *Siècle*, qu'ils ne peuvent être mis que dans *la Gazette de France* ou dans des journaux conservateurs. Je puis les diviser par petits fragments, comme j'ai fait pour *Béatrix*, et donner à chacun l'intérêt d'un article. Ainsi, l'on peut les diviser, [*Qui a terre a guerre* et *les Mitouflet*], chacun, en trente ou quarante feuilletons.

» Je n'ai aucune tendresse pour aucun journal. Dutacq veut s'arranger de *Qui a terre a guerre* pour son nouveau journal, la *Bibliothèque*, avec lequel il veut absorber *le Cabinet de lecture* et *le Voleur*. Si *la Presse* veut acheter le droit de publier mes deux ouvrages, je les lui vendrai huit mille francs. Elle aura bien pour huit mois de littéra-

ture. On me remettrait quatre mille francs
à la signature du marché, car je remettrai
[alors] le manuscrit de *Qui a terre a
guerre*, et les quatre mille autres me seront
dus à la remise de la copie, bonne à composer pour *la Presse*, des *Mitouflet*. Dutacq
paie cinq mille francs *Qui a terre a guerre;*
mais il me laisse les corrections à ma
charge, et les mille francs que j'abandonne
représentent les corrections. Seulement, je
ferai la condition que les Béthune et Plon
composeront la totalité du manuscrit en
petits caractères, afin que j'embrasse mon
œuvre sous le plus petit espace possible.
Cela évite des corrections et de la peine
chez moi.

» Voilà. Mille gracieusetés, mon cher
ami.

» DE BALZAC. »

« J'ai besoin d'une réponse avant mercredi, car, mercredi, j'ai rendez-vous avec

Dutacq. *Qui a terre a guerre* est la peinture de la lutte, au fond des campagnes, entre les grands propriétaires et les prolétaires, et l'influence de la démoralisation par l'abandon des doctrines catholiques. »

Tous ces beaux projets, comme la plupart de ceux que formait Balzac, n'aboutirent guère. *Le Curé de village* attend toujours les pages destinées à combler la lacune dont l'auteur lui-même parle dans la préface de la première édition ; *la Bibliothèque*, de Dutacq, ne vit point le jour, pas plus que *les Mitouflet*, dont *le Député d'Arcis*, demeuré aussi inachevé, absorba l'idée ; et *Qui a terre a guerre*, enfin, devenu *les Paysans*, ne fut jamais terminé non plus dans *la Presse*, qui ne publia, en décembre 1844, que la première partie de l'ouvrage.

Honoré de Balzac et Théophile Gautier sont entrés tous deux aujourd'hui, à leur rang respectif, dans la pléiade des grands

écrivains français, et les jugements affectueusement admiratifs qu'ils avaient portés
l'un sur l'autre ont été ratifiés, depuis lors,
non seulement par l'élite des lettrés, mais
encore, chose plus rare en semblable cas,
par la masse des lecteurs. La postérité, déjà
commencée pour eux, a consacré l'un le
plus grand remueur d'idées de ce siècle,
et l'autre le plus parfait styliste de tous les
temps.

Juillet 1889 — août 1893.

II

LES AVENTURES
DE « L'ÉCOLE DES MÉNAGES »,

TRAGÉDIE BOURGEOISE, EN CINQ ACTES,

PAR H. DE BALZAC.

I

Le récit des tribulations par lesquelles a passé *L'École des ménages* forme un des épisodes les plus curieux de cette odyssée du papier au XIXe siècle dont, à diverses reprises, nous avons essayer d'ébaucher quelques chapitres.

Nous parcourions, il y a dix-sept ans, un catalogue de livres à prix marqués, daté du 15 mars 1878, et provenant de la librairie Bailleu, à Paris, quand notre attention fut subitement attirée par l'article suivant, dont nous reproduisons scrupuleusement le texte :

> 354   H   DE BALZAC. L'Ecole des Ménages, tragédie bourgeoise. 48 pages gd in-8, demi-rel.   50   »
>
> *Exemplaire unique*, avec les corrections de l'auteur et s'arrêtant à la scène V du 5e acte. Cette pièce fut abandonnée par Balzac, qui plus tard en reprit quelques scènes qu'il adapta à la comédie de Mercadet.

Cette note, malgré les imperfections signalées de l'exemplaire, nous intéressa si vivement que, de Bruxelles, nous télégraphiâmes sur-le-champ pour demander l'ouvrage.

En attendant la réponse, notre inquiétude était grande, car il nous semblait impossible que cette œuvre, même incomplète, n'eût pas éveillé d'autres curiosités, plus faciles à satisfaire sur l'heure que la nôtre. Aussi, quoique préparé à cette déception, fûmes-nous cependant désolé d'apprendre officiellement qu'avant même la réception de notre télégramme, la brochure avait déjà trouvé amateur.

L'acquéreur était un lettré délicat, un érudit tout à fait distingué, M. Eugène Crépêt, l'auteur, ou plutôt l'*éditeur*, ainsi qu'on l'entendait jadis, de cette belle anthologie nationale : *les Poètes français* (quatre volumes in-octavo, 1861-1862), dont seul, et exclusivement à ses frais, il entreprit la publication.

Nous faisons grâce au lecteur des démarches de toutes sortes que nous avons tentées après notre déconvenue, ainsi que de nos diverses entrevues avec M. Crépêt, pour arriver au moment où nous avons obtenu de lui la promesse de nous céder son acquisition en échange de lettres ou d'œuvres inédites de Charles Baudelaire, dont notre heureux concurrent s'occupait alors sérieusement. Cette fois, nous avions presque atteint notre but, car, peu de temps après, nous avons eu la chance de pouvoir mettre à la disposition de **M.** Crépêt des pièces qui l'intéressèrent, entre autres les lettres du poète à Sainte-Beuve, que notre confrère publia, en 1887, dans son intéressant ouvrage : *OEuvres posthumes et Correspondances inédites de Charles Baudelaire.*

Enfin, par un beau jour de mai, nous sortîmes triomphalement de chez l'aimable écrivain, en serrant entre nos bras, avec toutes les ardeurs de la possession, la bienheureuse *École des ménages*, et certes aussi ravi de notre conquête que si, le premier, nous avions pénétré dans une de ces royales sépultures inviolées de la vallée du Nil, dont Théophile Gautier, dans *le Roman de la momie*, raconte avec tant de feu la recherche passionnée. Au reste, les amateurs de documents inédits et les explorateurs d'hypogées sont poussés par le même mobile : la curiosité de l'inconnu. Aussi, les émotions de leurs fouilles et de leurs découvertes ont-elles beaucoup d'analogie et, par conséquent, de nombreux points de ressemblance.

Une fois possesseur du trésor, notre premier soin fut de vérifier les allégations du catalogue Bailleu. Quelle ne fut donc pas notre satisfaction en découvrant que, non seulement *l'École des ménages* était absolument complète et terminée, mais encore que pas un seul fragment de la pièce n'avait été utilisé dans *Mercadet!* Son aspect d'épreuve interrompue, précisé surtout par l'absence du mot *fin*, au bas de la dernière page, avait très logiquement abusé le libraire.

En revanche, la seconde indication du catalogue Bailleu était tout à fait exacte. L'exemplaire de l'œuvre que nous examinions si attentivement était bien celui de l'auteur lui-même, qui l'avait enrichi de nombreuses corrections autographes. Ce précieux volume, dérobé sans doute chez madame de Balzac, dont la santé était déjà fort altérée à cette époque[1], a dû tomber ainsi dans le commerce, sans éveiller chez ses détenteurs successifs un intérêt bien marqué.

Il eût été difficile, d'ailleurs, d'en apprécier à première vue la véritable valeur, car son aspect extérieur n'a rien de remarquable. C'est une mince plaquette, revêtue d'une reliure fort ordinaire, avec coins et dos en veau rouge, portant pour titre, imprimé en lettres d'or sur toute la longueur de ce dos : « *L'École des ménages*, tragédie bourgeoise, par M. de Balzac. Copie corrigée ».

Sous cette médiocre enveloppe, qui paie si peu de mine, cet exemplaire n'en est pas moins le seul connu jusqu'à ce jour. Et, fort probablement il demeurera tel, car, selon toute apparence, Balzac n'a dû conserver de son œuvre que cette unique épreuve

1. Elle est morte en avril 1882.

complète. Sans doute il aura lui-même détruit toutes les autres, dont le nombre, ainsi
qu'on le verra plus loin, fut du reste toujours des plus restreints.

Nous avons acquis, peu d'années après, la
preuve incontestable que notre exemplaire
d'épreuve de *l'École des ménages*, corrigé par
Balzac, était absolument complet, en pouvant
le comparer à une copie manuscrite, qu'au
moment même de la mort de madame de Balzac nous avons découverte dans les épaves
des papiers de son mari recueillies alors par
nous. Cette copie, tout à fait conforme au
texte imprimé et paraissant dater de la
même époque, démontre également que le
cinquième acte définitif du drame n'a jamais
dû comporter plus de cinq scènes. Le dénouement, d'ailleurs, est tout à fait logique,
et l'on ne voit guère ce qu'il serait possible
d'ajouter utilement aux derniers mots de
l'ouvrage.

Un autre document, fort curieux, se trouvait aussi parmi les débris de l'archive du maître tombés entre nos mains. C'est la facture (non soldée, naturellement) de l'imprimeur Everat, pour la composition et le tirage des épreuves, en 1839, de *l'École des ménages*. Cette facture est accompagnée d'un exploit d'huissier lancé, le 28 décembre 1852, à l'adresse de madame de Balzac, à l'effet de lui en réclamer le paiement.

Intéressante, nous semble-t-il, pour l'histoire de l'œuvre, la première de ces pièces mérite en conséquence d'être reproduite ici, augmentée de l'indication du nombre d'exemplaires d'épreuve tirés. Nous empruntons ce détail spécial à l'exploit de 1852 :

« *Imprimerie d'Adolphe Everat et C*ie.

Rue du Cadran nos 14 et 16.

» *L'École des ménages*, trois feuilles in-octavo jésus, à deux colonnes, en gaillarde compacte, y compris le tirage à trente exemplaires, comme épreuve, au prix de soixante-douze francs la feuille :

» Pour la composition de trois feuilles, à soixante-douze francs, ci . . . . . 216 »

» Suppressions. . . . . 36 »

» Corrections et remaniements . 307 50

» Gratification à huit composi-teurs, le dimanche . . . . 20 »

» Gratification à six compositeurs, la nuit . . . . 18 »

» Total. 597 50

Ajoutons ici que la maison Everat imprima précisément en ces années 1838-1839, pour la librairie Charpentier, les premières édi-tions in-douze du *Médecin de campagne*, du *Père Goriot*, de *la Peau de Chagrin*, du *Lys dans la vallée* et d'*Eugénie Grandet*. De plus, à la même époque, l'éditeur Curmer l'avait aussi chargée de l'impression des *Français peints par eux-mêmes*, auxquels Balzac donna la monographie de *l'Épicier*. En 1839, ce dernier était donc en relations continuelles avec cette imprimerie.

Mais il est temps d'arriver à la partie principale de ce récit, et de raconter enfin quand et comment Balzac conçut la pièce et l'écrivit, ainsi que les alternatives par lesquelles elle a passé avant de tomber entre nos mains.

II

Parmi tous les sujets scéniques dont le
cerveau du grand écrivain était perpétuellement hanté, celui de cette tragédie bourgeoise fut l'un des plus obsé-
dants.

Dès février 1837, il écrivait, sous le titre
de : *la Première Demoiselle*, ou de *la Demoiselle de magasin*, une première version de la
pièce, dont il résume le plan dans une lettre
adressée un peu plus tard à madame Hanska.
Celle-ci en désapprouva l'idée, au point de

vue de sa mise à la scène, et déconseilla d'en tenter l'exécution.

Le maître ne se décida pas sans regret à suspendre la réalisation de l'œuvre qu'il avait projetée ; mais, écoutant toutefois le conseil de l'*Étrangère*, il renonça momentanément à poursuivre ce travail.

Néanmoins, ce sujet le préoccupait toujours, car il y revint, au mois de mars de l'année suivante, pendant son voyage en Corse et en Sardaigne. Cette fois, le sujet de : *la Première Demoiselle* avait conquis deux approbations : celle de George Sand d'abord, que l'auteur venait d'aller voir à Nohant, et celle de madame Surville ensuite, l'*Alma soror* de la dédicace des *Proscrits*.

Le voyage en question, entrepris par l'auteur de *Vautrin* pour conquérir enfin la fortune, ne lui rapporta rien... que de nouvelles dettes ! En effet, le bénéfice de sa combinaison industrielle lui fut ravi par un véritable malfaiteur, originaire de Gênes, qui profita seul de la découverte dont Balzac, toujours sans méfiance, avait eu la naïveté de lui confier le secret, car ce Génois réussit à se faire octroyer avant lui la concession de l'affaire.

On sait qu'il s'agissait d'extraire de scories provenant des mines argentifères de la Sardaigne, — dédaignées ou mal exploitées par les Romains, — les dernières parcelles de plomb et d'argent négligées par eux, que ces scories pouvaient encore contenir.

Tout en circulant dans le pays, que ses recherches l'obligeaient à parcourir, le grand romancier, pour se distraire des fatigues du voyage, employait les repos des relais à songer à son drame, dont le plan nouveau, et peut-être même la deuxième version, furent écrits dans ces conditions. A ce moment, la pièce portait encore son titre primitif, et le maître fondait sur elle, — comme d'ailleurs sur tous ses ouvrages en cours d'exécution, scéniques ou autres, — un grand espoir de fortune et de gloire.

Payer toutes ses dettes, grâce à des succès dramatiques retentissants, et obtenus en même temps sur plusieurs scènes parisiennes, fut, du reste, l'une des illusions les plus tenaces et l'un des souhaits les plus persistants de Balzac. Sans parler même 'de ses essais de jeunesse, que d'œuvres théâtrales, de 1828 à 1850, traversèrent ainsi son cerveau ! Mais les mille obstacles qui se dressent toujours devant toute tentative de début au théâtre, l'empêchèrent de se tourner complètement vers la scène, où son génie, — là comme ailleurs, — aurait certainement fini par triompher.

Il est curieux de constater incidemment qu'aussitôt après sa mort, le théâtre lui-même reconnut ce génie, tant contesté pendant l'existence du maître. Nous trouvons en effet les couplets suivants dans *les Pavés sur le pavé*, revue-vaudeville en un acte, par MM. de Leuven, Brunswick et Arthur de Beauplan, représentés pour la première fois

sur la scène du Vaudeville, le 2 septembre
1850, quelques jours seulement après la
mort du grand écrivain :

AIR DE GISELLE

Oui, bien souvent dans mon petit domaine,
J'ai fait accueil à plus d'un bon roman ;
Je puis citer *la Comédie humaine*,
Qui restera comme un beau monument.

Douce *Eugénie*, âme si désolée,
Qui n'a pas plaint tes secrètes douleurs ?
Sur ce beau *Lys* éteint *dans la vallée*,
Qui parmi nous n'a pas versé des pleurs ?

Lorsque Balzac peignait un caractère,
Il unissait le drame à la raison ;
Il s'éleva parfois jusqu'à Molière ;
Grandet, l'avare, est digne d'Harpagon.

Après avoir lutté dans cette vie
Pour obtenir le prix qu'on lui devait,
Comme toujours, pauvre homme de génie,
Il est parti quand la gloire arrivait!...

La renommée est bien souvent rebelle ;
Mais pour Balzac va briller son flambeau,
Et cette gloire, à sa vie infidèle,
Sera du moins fidèle à son tombeau !

C'est donc en cette année 1838 que *la Première Demoiselle* fut d'abord ébauchée à l'étranger, puis complètement achevée en France. Mais elle y perdit son titre primitif, qui fut remplacé par un autre, beaucoup plus heureux : *l'École des ménages*, sous lequel ses tribulations véritables, ainsi qu'on va le voir, allaient seulement commencer.

Une scène nouvelle, qui promettait d'être littéraire avant tout, devait bientôt naître sous le nom de : *Théâtre de la Renaissance*. En possession de la salle Ventadour, la meilleure que les Parisiens aient peut-être jamais connue, la direction promettait monts et merveilles. Composée d'un groupe d'associés ayant mis à leur tête M. Anténor Joly, — qu'en 1846 Balzac devait retrouver directeur du journal *l'Époque*, lorsqu'il y publia son *Instruction criminelle*, — elle voulait débuter par un coup d'éclat, et ce fut, en effet, par un grand succès qu'elle commença ses re- présentations, puisque, le 8 novembre 1838, ce théâtre de la Renaissance s'ouvrit par la première représentation du *Ruy Blas* de Victor Hugo, avec Frédérick Lemaître dans le rôle principal.

Mais il fallait songer à l'avenir et trouver un ouvrage qui pût succéder à *Ruy Blas*, quand la vogue en serait épuisée. Ce fut à Balzac que la direction du théâtre songea pour prendre cette périlleuse succession, car, précisément, le bruit s'était répandu que le grand romancier venait d'entreprendre une œuvre dramatique d'un puissant intérêt, et son début à la scène, quel qu'en fût le succès, devait, en tout cas, être un événement.

Il y eut donc à ce sujet de longs et nombreux pourparlers, auxquels se trouva mêlé M. Armand Pérémé, d'Issoudun, que Balzac avait connu chez madame Carraud, en Berry. En conséquence, plusieurs lettres furent échangées entre le maître et cet intermédiaire, qu'il avait sans doute choisi. Nous avons eu la chance de retrouver une partie

de cette correspondance inédite, qui four-
mille de détails curieux, et nous sommes
heureux de pouvoir la mettre sous les yeux
de nos lecteurs :

» *A M. de Balzac, aux Jardies.*

I

» ⌊Paris,⌋ lundi, cinq heures, 9 juillet 1838.

» La négociation est en train. Édouard
D⌊av...⌋[1] m'écrit d'aller dîner avec lui pour
en causer. Il a rendez-vous mercredi avec
M. A⌊nténor⌋ J⌊oly⌋, pour agiter la question
sérieusement. Je pense assister à la confé-
rence. Je vous promets de bien tenir mon
bout. Ce début me paraît d'un bon augure.

» Quand vous verrai-je ?

» Je n'ai pu vous aller trouver hier. Je serais
bien joyeux de vous porter une bonne nou-

1. Ou Dar... L'autographe de la lettre du 29 novembre
1838 (voir plus loin) laisse planer un doute à ce sujet.

velle. Je vous informerai quand même de tout ce qui se sera passé.

» Bien à vous.

> » A[RMAND] P[ÉRÉMÉ]. »

II

« [Paris,] 6 septembre 1838.

» Édouard D[av...] revient de la Belgique ; il me demande où en sont vos travaux. Ces messieurs comptent bien sur votre promesse. Ce qu'on vous a dit des dispositions de M. de V[illeneuve] à votre égard est sans fondement. Loin de rencontrer de l'opposition ou du mauvais vouloir, je crois, au contraire, qu'on sera trop heureux d'accepter votre concours. Ce qu'il y a de sûr, c'est qu'on attend votre œuvre avec une impatiente curiosité.

» Édouard va repartir ; il voudrait bien savoir à quand la lecture. Je crois qu'il reviendrait exprès. Soyez donc assez bon pour me répondre un mot. Pour mon compte, je n'ose pas vous dire comme je prends mal le temps en patience... A moi la fleur d'une si belle fille!... On n'a point deux fois dans sa vie de ces bonnes fortunes-là.

» Si j'avais le temps, j'irais bien vous relancer; mais, hélas!... pauvre amphibie, homme et chose, je lutte avec insuccès entre mes deux natures. La matière triomphe. Croiriez-vous qu'un de mes amis me demandant l'autre jour des nouvelles de mon *œuvre*, on a eu l'impertinence de me demander si c'était en porcelaine. Heureusement j'ai songé à répondre : « Non, en *verre* » !

» Toutefois, je crois arriver à terme avec mes antiquités [1], et accoucher dans le courant du mois ; puissiez-vous ne pas tarder davantage !

---

1. M. Pérémé, antiquaire distingué, s'es beaucoup occupé des monuments du Berry, sur lesquels il a publié des travaux archéologiques importants, entre autres à propos de la tour d'Issoudun.

» Tâchez de me donner de vos nouvelles avant lundi.

» Bien à vous.

» ARMAND P[ÉRÉMÉ].

» Borget, à ce qu'il paraît, a quitté le Pérou pour se rendre en Chine. Il veut faire le tour du monde. »

III

« [Paris,] 15 octobre 1838.

» J'arrive du Berry; j'ai vu madame C[arraud], toujours la femme supérieure que vous savez. Elle est bien de vos amis, et elle m'a fait l'honneur de m'en croire aussi, car elle m'a parlé à cœur ouvert sur votre compte, avec cette franchise d'intérêt que l'indifférence ne sait point atteindre et que la politique exclut.

» Elle vous trouve un grand défaut, et je crois qu'elle a raison, je vous le dis avec d'autant moins de scrupule qu'on me l'a toujours attribué à moi-même ; elle vous reproche une mobilité d'idées, une inconstance de résolution qui nuit à vos intérêts bien plus encore qu'à votre gloire, car si le public admire votre fécondité, il ne sait pas que vous pourriez faire bien d'autres et de bien plus grandes choses, et ceux qui comptent sur une œuvre, commencée ou promise, ne vous tiennent pas compte de cette richesse de conception, qui pousse incessamment un jet sous un autre et dépense le plus subtil de votre génie en vaines superfétations. Vous mangez réellement votre bien en herbe, vous gaspillez votre esprit, car vous n'en tirez pas le fruit que vous devriez, et dans le temps que vous pourriez amener à terme un plan sagement conçu et fertile en résultats solides, vous en enfantez coup sur coup dix à douze, plus beaux et plus séduisants peut-être, mais qui s'évanouissent en fumée et ne vous rapportent rien.

» Pardonnez-moi cette morale ; elle n'est ni neuve ni amusante, mais elle ne vient pas hors de propos. Édouard D[av...] attendait impatiemment mon retour. Il voulait savoir où en est votre œuvre, pour laquelle lui et moi nous sommes mis en avant auprès de MM. J[oly]. On nous demande la cause d'un pareil retard, on nous en rend en quelque sorte responsables moralement. Je m'en affligerais moins, si l'on paraissait étonné ; mais il est quelqu'un qui prétend que l'on devait s'y attendre, que vous ne tenez jamais vos engagements, et c'est ce qui me désole, n'ayant point de bonnes raisons à alléguer. En effet, j'ai peine à comprendre moi-même les motifs qui ont pu vous porter à abandonner ou à interrompre une entreprise qui promettait tant, surtout avec la certitude d'obtenir de ces messieurs, *toutes les facilités que vous pourriez désirer.*

» Hâtez-vous donc, je vous en prie, de me rassurer sur le sort de cette idole, à laquelle

j'avais d'avance bâti un si beau temple ;
fournissez-moi quelque argument plausible,
quelque réponse satisfaisante à opposer à
ceux qui pourraient vous accuser devant
MM. J[oly], dont la foi est intacte et le zèle
encore chaud, car j'en souffre plus que si
l'on s'en prenait à moi-même.

» Surtout, ne m'en voulez pas de cette
façon trop sincère. peut-être, de vous témoi-
gner mon attachement, et croyez-moi toujours votre dévoué,

» ARMAND P[ÉRÉMÉ]. »

IV

« [Paris,] 29 novembre 1838.

» Je me suis trouvé hier soir avec les
frères J[oly] et Vill[eneuve]; j'ai eu une
longue conversation avec Ant[énor]. Vous
avez bien tort de ne pas venir à eux. Jamais
l'instant n'a été plus favorable, et vous re-
gretterez peut-être de n'en avoir pas profité.

Le Victor Hugo et le Dumas sont usés jusqu'à la corde. Le Casimir Delavigne n'a guère plus de faveur. Il leur faut un nom nouveau, et ils sont prêts à le payer, indépendamment du talent. Que ne feront-ils pas pour un nom et un talent réunis !

» Vous avez compromis mon crédit, car j'ai beaucoup promis, et vous tenez bien peu. Le blâme pèse heureusement sur moi, et je ne me suis pas disculpé pour vous laisser tous vos avantages.

» Ant[énor] désire une entrevue. Consentez à le voir, sur un terrain neutre, chez Dav[...] ou chez moi, ou partout ailleurs. Peut-être n'en serez-vous pas fâché. On gagne à se connaître. Un mot suffit pour lever bien des doutes, détruire bien des préjugés. Nous valons toujours mieux que notre réputation.

» Venez donc à Paris, ou faites-moi connaître vos intentions.

» Votre bien dévoué,

» ARMAND PÉRÉMÉ. »

A Monsieur Armand Pérémé, à Paris.

« [Les Jardies,] ce mardi, 4 décembre [1838.]

» Mon cher Pérémé,

» Ce que les personnes incomparablement plus riches que la librairie n'osent faire, la pauvre et défiante librairie l'accomplit sans hésitation. Voilà près de vingt mille francs qu'elle m'avance, et si elle ne m'a pas tiré d'embarras, elle y contribue puissamment.

» Je suis à travailler nuit et jour, car j'ai promis, et je ferai huit volumes en six mois, ce qui n'empêchera pas mes débuts ailleurs.

» Vous conviendrez avec moi que l'étrange procédé dont on a usé à mon égard, lors de la représentation que vous savez, est une de ces grossièretés qui sont peu engageantes, et, quand l'auteur le saura, croyez qu'il en sera navré[1] !

1. Comme on le verra plus loin par la réponse à cette lettre, Balzac avait réclamé une place pour l'ouverture du

» Pour le moment, il est impossible que je sorte de mon cabinet, où je travaille mes dix-huit heures tous les jours, car j'ai sur les bras : *le Curé de Village*, dans *la Presse;* *Une Fille d'Ève*, au *Siècle; Qui a terre a guerre*, ailleurs, et deux ouvrages sous presse pour le même libraire; sans compter une préface à la *Physiologie du Goût*, et mon grand ouvrage de la *Pathologie de la Vie sociale*, vendu hier huit mille francs à deux mille exemplaires [1].

» Je ne pourrais donc m'occuper de ce que vous savez qu'au moyen d'une avance, comme on en a fait souvent à des auteurs. Vous avez toute ma confiance pour une semblable négociation. Le ministre de l'intérieur, m'a dit Taylor, l'avait autorisé à tout, au Théâtre-Français, avant l'avènement

Théâtre de la Renaissance. Mais sa demande, transmise par M. Pérémé, n'était parvenue à la direction que le lendemain de cette représentation, et le maître, en écrivant ceci, ignorait ce détail.

1. Voir page 146, d'*Un roman d'amour*.

de cet imbécile de Buloz, et je lui ai dit alors que, tant qu'il serait là, je ne ferais rien pour le Théâtre-Français, où tout avait été préparé pour mon essai avant que je vous eusse parlé.

» Vos gens sont peu clairvoyants; ma fortune à faire vaut la leur, et je n'ai pas envie de me tromper. D'ailleurs, ils vont se trouver avant peu cruellement déçus. Il n'y a pas de place pour un troisième théâtre à musique; il n'y a ni exécutants, ni gens de génie en musique. Meyerbeer a cent mille livres de rente et préférera toujours l'Opéra. Pour la littérature, elle est entre le mélodrame et les flonflons des quatre théâtres de vaudeville. Aussi, voyez que de niaiseries on a tentées : les monstres, les prodiges, les ânes savants, etc. Il n'y a plus de possible que le *vrai* au théâtre, comme j'ai tenté de l'introduire dans le roman. Mais *faire vrai* n'est donné ni à Hugo, que son talent porte au lyrisme, ni à Dumas, qui l'a dépassé pour n'y jamais revenir; il ne peut être que ce qu'il a été. Scribe est à bout. Il faut chercher les nouveaux talents inconnus et changer les conditions sultanesques des directeurs. Il n'y aura jamais que la médiocrité qui subira les conditions actuelles.

» J'ai, depuis dix ans, travaillé en vue du théâtre, et vous connaissez mes idées à cet égard. Elles sont vastes, et leur réalisation m'effraie souvent. Mais je ne manque ni de constance, ni de travaux refaits avec patience. Si la *Pathologie de la vie sociale*, payée huit mille francs, reste six mois sous presse, au su des libraires [acquéreurs], il serait possible qu'à une répétition [de mon œuvre], je trouvasse, moi aussi, à [la] retravailler, et, [alors], si je n'avais pas [affaire à] des gens amis, ils maugréeraient d'un homme qui aurait de l'argent à eux, de l'argent qu'on m'apportera, sans conditions, le jour où j'aurai prouvé par quelque succès que je connaissais mon avenir ! Je sais que je tiens plusieurs fortunes dans mes cartons ; mais cette conviction est, de toutes, la plus difficile à faire partager. Mes besoins sont immenses, et, comme il faut que je les satisfasse, il est clair que je n'ai rien à hasarder. Un Hollandais, qui aurait fait toute sa vie le commerce des harengs, secs ou saurets, jugerait de cela, et spéculerait. Aussi, m'a-t-on déjà offert un prêt sur ce que je dois avoir fini dans quelques semaines, et c'est le plus dur des usuriers [qui m'a fait cette offre] ! Seulement, il veut trop absorber, et comme je vais cahin-caha, avec mes travaux incessants, j'espère atteindre [seul] à la première représentation sans encombre. La Porte-Saint-Martin fait cinq mille francs de recette quand elle est pleine, et pour recommencer *Robert le Diable* en littérature, il ne faut que du travail, soutenu de quelque chose que je me sens en moi : *Motus !*

» Je vous remercie beaucoup de ce que vous avez fait ; mais, si vous connaissiez l'horrible position financière où je suis (j'ai encore seize mille francs à rembourser à mes anciens éditeurs), vous comprendriez pourquoi le mot *argent* est la préface de tous mes efforts, faits ou à faire.

» Mille choses aimables et affectueuses.

» DE BALZAC. »

« Si vous venez me voir, prenez vos précautions, car mes boues sont infranchissables. J'irai peut-être à Paris jeudi prochain. »

A Monsieur de Balzac, aux Jardies.

« [Paris], 9 décembre 1838.

» Au reçu de votre lettre, je me suis empressé d'en écrire une autre dans laquelle, évitant tout ce qu'il ne fallait pas dire, j'ai essayé de dire tout ce qu'il fallait, en groupant vos arguments, augmentés de ceux qui me sont personnels, de manière à en faire jaillir cette vérité ou cet aphorisme : que le théâtre a besoin de vous et qu'il ne saurait trop faire pour obtenir votre assistance. Cette lettre, adressée à dessein à Éd[ouard] D[av...], a été immédiatement communiquée à MM. J[oly] et V[illeneuve] qui l'ont, en conseil, pesée, analysée et ruminée.

» Votre raisonnement, qui ne manque pas de justesse, a fait impression sur le triumvirat directorial. Vous n'avez rien fait du reste pour augmenter l'opinion qu'on a de vos capacités ; elle était telle qu'elle doit être. La foi existe. La seule question qui puisse s'élever aujourd'hui porte sur les moyens d'enchaîner votre volonté d'une manière imperturbable. On ne vous demande que de vouloir et de vouloir fermement, et devant vous s'aplaniront les sentiers semés d'or et de fleurs.

» J'ai vivement soutenu l'intérêt de votre cause auprès de ces messieurs. Je dois vis-à-vis de vous et en toute conscience dire quelque chose en leur faveur.

» Il est malheureux de parler d'art dans les mêmes termes qu'on parle de pommes de terre ou de harengs saurs, mais enfin, il faut faire suivant le temps, et, dans un siècle d'argent, peser le génie au poids des écus. Votre *préface obligée* est l'*épilogue obligé* de beaucoup d'autres.

» Ainsi, parlons sans détours. Ces messieurs ont été aussi accommodants qu'il soit possible de le désirer. On n'achète pas, vous le savez, un lièvre dans un sac. Eh bien, eux, sur la simple proposition présentée par un tiers (par moi, illettré), d'un ouvrage en projet, dont ils ne connaissent ni la portée, ni l'intrigue, ni même le titre, sur ma simple garantie que cela devait être beau, magnifique, capital, ils ont accédé à vos désirs, ils ont promis ce que vous demanderiez. Mais, chose trop juste, ils se sont réservés, et cela sur votre proposition, de satisfaire à vos désirs après lecture du canevas seulement de votre conception. Je me suis là-dessus en quelque sorte engagé en votre nom ; cet engagement vous l'avez ratifié en me promettant lecture aux premiers jours de septembre. Nous voici au milieu de décembre, et rien n'a paru. Vous avez eu d'autres préoccupations, impérieuses sans doute. Nous connaissons tous l'influence de certaines circonstances sur les meilleures résolutions. Mais ces messieurs, comment ont-ils pu apprécier la valeur de ces empêchements ? Qui leur a expliqué si vous ne *pouviez* pas, ou si vous ne *vouliez* pas ? Mettez-vous un instant à leur place.

» Aujourd'hui, vous dites que vous ne pourriez vous occuper du projet en question qu'au moyen d'une avance comme on en a fait souvent aux autres. Cette avance on ne vous la refuse pas, tant s'en faut. Mais sur quoi la voulez-vous ? Sur un fait ou sur une promesse ? Entre nous, vous savez, en littérature surtout, la valeur de cette dernière denrée. Une promesse, c'est moins que rien. MM. J[oly] ne sont pas encore payés pour penser différemment sur ce sujet. Eh bien, on ne vous demande pas non plus un ouvrage parfait ; on se contenterait de la certitude morale d'obtenir un ouvrage de vous, dans un temps raisonnable.

» Tenez, pour spécifier davantage, voici ce qui me paraitrait résulter en dernière analyse de tout ce qui a été dit jusqu'ici de part et d'autre.

» Vous avez besoin de seize mille francs pour vous délivrer de la tyrannie de vos anciens éditeurs. Cette somme me paraît être l'expression simplifiée de vos exigences actuelles. Je crois pouvoir affirmer que cette somme vous serait accordée sans difficulté, si, dans une entrevue particulière entre vous et MM. J[oly] et V[illeneuve], vous consentiez à vous expliquer sur votre projet, et à donner votre parole d'honneur de faire et livrer l'œuvre en question dans un délai déterminé. Édouard D[av...] et moi, nous interviendrions seulement comme amis des parties et comme garants moraux de l'exécution du traité. Voyez si cette offre vous convient.

» Maintenant, j'ai à vous donner l'explication de l'*étrange procédé* dont vous vous plaignez, au sujet de l'ouverture de Ventadour. Ma lettre, arrivée entre mille autres, a subi le sort commun et n'a été ouverte que le lendemain de la séance. Il n'y a donc pas eu de mauvais procédé, puisqu'il n'y a pas eu d'intention.

» Je ne pense pas pouvoir de sitôt affronter vos chemins boueux pour gagner votre chàlet. Je suis cloué à ma chaîne pour long-temps. Si vous avez plus de courage ou de liberté que moi et que vous ne reculiez pas devant la fortune du pot, vous serez le bienvenu.

» J'ai appris indirectement l'arrivée de madame Carraud dans nos parages, et si je parviens à découvrir son pied-à-terre à Paris, je ne désespère pas de vous y rencontrer.

» Tout à vous.

» ARMAND [PÉRÉMÉ]. »

A Monsieur Armand Pérémé, à Paris.

« [Les Jardies, 11 décembre 1838].

» Mon cher Pérémé,

» Je vous remercie du fond du cœur des peines diplomatiques que je vous donne, et je vous en saurai toujours un gré infini. Je ne voudrais pas que l'on crût que j'ai l'orgueil féroce de certains auteurs; mes doutes sur moi-même sont infinis. Je ne suis sûr que de mon courage de lion et de mon invincible travail. J'ai écrit cette semaine cinquante-cinq feuilles d'impression.

» Les explications que vous me donnez ont quelque chose de satisfaisant. Si vos gens veulent en arriver là, je puis m'engager, pour que toute sécurité soit dans leur esprit, à leur donner une hypothèque, au cas où, soit dans trois mois, je n'aurais pas donné la pièce, ou rendu, — la pièce n'existant pas, — l'argent en espèces dans les trois jours.

» Pour quiconque me connaît, les questions financières sont toujours vidées avec la plus grande loyauté et exactitude. Vous pouvez [le] demander à plusieurs.

» Je serai vraisemblablement à Paris vendredi, et vous pouvez arranger un dîner pour ce jour-là chez votre ami. Je crois que quinze mille francs, somme de la prime sur trois pièces en cinq actes, serait une avance suffisante, et déjà trois maisons de librairie l'ont faite sans hésitation.

» Je prendrai l'engagement de lire une pièce au bout de deux mois, et de la monter en deux mois; une autre, au bout de cinq mois; une autre, au bout de huit mois ; en sorte que, dans l'année, l'épreuve serait faite.

» D'ici à quatre mois, jour de la représentation, je vaudrai bien quinze mille francs, car j'aurai, je l'espère, acquitté pour plus de cent mille francs de dettes. Les cinquante-cinq f[euilles] de cette semaine représentent quatorze mille francs, et j'en fais autant cette semaine[-ci].

» Reste la question des acteurs. Il faut que je les voie. Si je me voue à ce théâtre, il faut arracher Théodorine à la Porte-Saint-Martin, et chercher en province une certaine Nogaret ou Nongaret, qui jouait à la Gaîté, et chez laquelle il y a de l'étoffe.

» Je ne voudrais pas commencer par les trois majeures compositions que vous savez. Je lancerais un drame de la vie bourgeoise pour ballon d'essai, sans fracas, comme une chose sans conséquence, afin de voir ce qu'on dira d'une chose d'un *vrai* absolu, et cette pièce dépend d'une petite fille, qui doit ressembler à Anaïs dans son temps *odéonien*, une actrice entre elle et Jenny Vertpré, une innocence rusée, exaltée, seize ans. Je consulterais Planche et vous, et nous pourrions répéter pour le 20 janvier *peut-être*. Si Frédéric[k] le voulait, il aurait le premier rôle. Il lui conviendrait. Il faut un comédien souple.

» Mille gracieusetés.

» Tout à vous.

» DE B[AL]Z[AC].

» Comme sur ces quinze mille francs, dix mille seraient pour mon entrepreneur [d'ici], ils peuvent être faits [par des billets] entre cinq et six mois, [même] sept mois, et cinq mille francs pour moi, argent. Cela facilite bien des choses. On payerait les deux tiers en plein succès, s'il y a succès, car [pour] lâcher le *vrai* devant un public blasé, il faut du courage ! »

A. Monsieur de Balzac, aux Jardies.

« [Paris], 12 décembre 1838.

» Par une contrariante fatalité, Éd[ouard] D[av...] se trouve vendredi de garde au Château, où son grade le force de dîner. Il est désolé de ce contretemps et compte que vous l'en dédommagerez au premier jour. Il ne sera libre qu'à huit heures du soir, et il est convenu que nous nous réunirons chez lui.

» Ant[énor] J[oly] voulait nous donner à dîner; mais nous avons pensé, Éd[ouard] et moi, qu'il convient que vous vous trouviez sur un terrain neutre pour discuter vos intérêts.

» Si j'étais sorti du provisoire et que ma maison fût montée convenablement, c'est moi qui aurais eu le plaisir de vous recevoir tous. Mais je ne puis, quant à présent, qu'offrir un dîner *sans cérémonie* à un ami *indulgent*. Aussi je compte sur vous à ces deux titres.

» De là nous nous rendrons chez D[av...],
où je vous mettrai en contact avec des gens
bien disposés pour vous.

» En attendant, mille amitiés.

» ARMAND P[ÉRÉMÉ]. »

Par la suite, des difficultés surgirent encore, à propos des rendez-vous à prendre,
ainsi qu'en témoigne cette dernière lettre
de Balzac, recueillie dans sa *Correspondance*
imprimée :

A Monsieur Armand Pérémé, à Paris.

« [Les Jardies, janvier 1839].

» Mon cher maître,

» Il m'est impossible d'être à deux heures [chez vous], car je viens pour l'assemblée des auteurs, qui commence à onze
heures pour midi, et qui certes ne sera pas
finie à deux heures. Tout ce que je puis

vous promettre, c'est d'être chez vous à cinq heures. Vous me mènerez où vous voudrez, si vos affaires sont finies.

» Tout à vous.

» DE BALZAC. »

« Décidément, on m'a parlé d'une petite Nathalie qu'ils ont et qui ferait mon ingénue. Je suis bien content qu'ils aient madame Théodore. Ils devraient maintenant prendre Henry Monnier; ils ne savent pas quel trésor il est! Il n'a manqué à Monnier que des auteurs. Il aurait un rôle dans ma pièce, et vous savez que j'ai deux grands rôles [en vue] pour lui. S'ils l'avaient, il y a dans ma pièce un rôle d'épicier que je referais à son intention.

» Ainsi, Nathalie, madame Théodore et madame Albert seraient les trois femmes importantes; Frédérick, Monnier, Saint-Firmin seraient les trois grands rôles d'homme. — Guyon doublerait Frédérick en cas d'insubordination. — Je réponds ainsi d'une chose extraordinaire, si ces gens-là veulent m'écouter ; et, si l'on veut y mettre du dévouement, la première représentation peut se donner le 20 mars.

» Atala Beauchêne aurait aussi un rôle. »

III

Cette correspondance révèle une fois de
plus les exigences, — fantastiques, il faut
bien l'avouer, — de Balzac traitant la question
financière et défendant ses intérêts. Elle fait
aussi connaître combien, même de son vivant,
ses véritables amis déploraient l'incessant
abus qu'il faisait de ses géniales facultés.
D'autres lettres inédites, non moins affectueuses, sont remplies de regrets analogues,
notamment celles qui lui furent adressées par
madame Carraud. Ces dernières sont des

modèles de clairvoyance et de sagesse, dont, malheureusement, les bons conseils qu'elles contiennent furent trop peu suivis.

Ainsi que les documents cités plus haut ont dû le faire pressentir, les négociations n'aboutirent pas, et la question d'argent ne fut sans doute pas étrangère à cet échec. En vain, le maître, dans son tardif désir d'aboutir sérieusement, remania-t-il son œuvre pour satisfaire aux soi-disant caprices de la direction, celle-ci finit quand même par la refuser. Et pourtant Balzac, sentant son courage et sa patience presque épuisés, avait finalement essayé, en s'adjoignant un collaborateur, de donner satisfaction à toutes les exigences du théâtre. Dans ce but, il avait pris Lassailly, l'auteur des *Roueries de Trialph*, à demeure aux Jardies, où la pièce fut, avec son concours, entièrement recommencée à nouveau. Mais ce fut inutilement, car *l'École des ménages* ne parvint pas à vaincre le parti pris dont Balzac la disait victime.

Gérard de Nerval a recueilli quelques détails sur cet étonnant séjour de Lassailly aux Jardies dans un article dont nous citerons plus loin les principaux passages.

Ce qui rendait ce refus plus pénible encore à Balzac, c'est la publicité qu'il avait donnée lui-même, ou fait donner par d'autres, à son prochain début comme auteur dramatique. L'entrefilet suivant, inséré dans *la Caricature provisoire* du dimanche 3 mars 1839, précise la note de ce mot d'ordre :

« M. de Balzac a lu dimanche dernier [24 février], au théâtre de la Renaissance, une comédie en cinq actes et en prose, intitulée : *l'École des ménages.* Le même auteur, qui veut devenir le plus profond de nos auteurs dramatiques après avoir été le plus fécond de nos romanciers, a demandé lecture au Théâtre-Français pour une autre comédie en cinq actes et en prose, intitulée : *le Commerce* ».

8.

Un jour vint où le pauvre grand homme désolé de manquer cette occasion de toucher une somme que son imagination, comme toujours, grossissait démesurément, fit le récit de ses déboires dans une lettre adressée cette fois à madame Carraud, comme on sait son amie dévouée, et son hôtesse de Frapesle, près d'Issoudun. Écrite par Balzac quelques temps après son échec, elle est imprimée aussi dans la *Correspondance* du maître. Voici le passage de cette lettre auquel nous faisons allusion :

. . . .

» La Renaissance m'avait promis six mille francs de prime pour lui faire une pièce en cinq actes ; Pérémé avait été l'entremetteur ; tout était convenu. Comme il me fallait six mille francs à la fin de février, je me mets à l'œuvre, je passe seize nuits et seize jours au travail, ne dormant que trois heures sur les vingt-quatre ; j'emploie vingt ouvriers à l'imprimerie, et j'arrive à écrire, faire et composer, l'*École des ménages*, en cinq actes, et à pouvoir la lire le 25 février. Mes directeurs n'avaient pas d'argent ou, peut-être, Dumas qui leur avait fait faux-bond et avec lequel ils s'étaient fâchés, leur est-il revenu. Ils n'écoutent pas ma pièce et la refusent. Ainsi, me voilà échiné de travail, seize jours de perdus, six mille francs à payer, et rien ! Ce coup m'a abattu, je n'en suis pas encore remis. Ma carrière au théâtre aura les mêmes événements que ma carrière littéraire ; ma première œuvre sera refusée !... »

. . . .

Balzac avait deviné juste. En effet, Alexandre Dumas, qui s'était réconcilié avec la Renaissance, venait de lui apporter le drame de *l'Alchimiste*, dont il destinait aussi le principal rôle à Frédérick Lemaître. *L'Alchimiste*, immédiatement reçu, prit le

tour réservé à *l'École des ménages*, et fut joué
à sa place le 10 avril 1839.

Mais le grand Honoré n'avait pas attendu
cette date pour essayer d'atténuer le coup
que le refus de sa pièce portait, non seulement à son amour-propre, mais, plus encore
pensait-il, à ses intérêts.

Comme on l'a vu, l'œuvre était imprimée;
il tenta donc d'en faire parler avec éloges
dans la presse par quelques rares journalistes de ses amis, tels que Théophile Gautier,
Eugène Guinot, etc. De plus, au commencement de mars 1839, des lectures de l'ouvrage, faites par l'auteur lui-même, — au
nombre de deux seulement, s'il faut en
croire ce que dit Balzac dans une lettre encore
inédite adressée à madame Hanska, —furent
organisées dans le monde. La première eut
lieu, raconte-t-il, chez madame Couturier de
Saint-Clair, fille de Lady Rumbold, et sœur
de la baronne de Delmar.

Disons ici que lady Rumbold ,femme de Sir

George Rumbold, ancien ministre plénipotentiaire anglais, avait eu trois filles : la baronne de Delmar, morte en 1861 ; madame Couturier de Saint-Clair, dont le mari, colonel dans la garde suisse, se trouvait, paraît-il, de service aux Tuileries au moment de la Révolution, et madame Arabin, femme de l'amiral de ce nom, lequel avait servi sous les ordres de sir Sydney Smith, à Saint-Jean d'Acre. Lady Rumbold s'étant remariée plus tard avec sir Sydney Smith, l'amiral Arabin devint alors en quelque sorte le beau-fils de son ancien chef.

Madame Couturier de Saint-Clair s'était vivement intéressée aux tentatives faites par Balzac pour faire représenter ses pièces de théâtre, encore à naître, presque simultanément en France et en Angleterre. Elle avait, en outre, projeté de traduire en anglais ses œuvres nouvelles, — littéraires ou dramatiques, — au fur et à mesure de leur apparition. Nous possédons plusieurs de ses lettres au maître, dont voici la plus inté-ressante :

« Dieppe, ce 7 août 1838.

» Je suis chargée d'une commission auprès de vous, Monsieur, et je m'en acquitte avec empressement, car je me trouve intéressée à la réussite de ma négociation.

» Une dame de mes amies, spirituelle et aimable, désire vous attirer ici. Elle vous offre un appartement dans sa maison, où elle s'engage à vous laisser suivre vos occu-pations littéraires sans gêne ni interruption. Même, si elle le trouve nécessaire, pour le bien du genre humain et pour que le monde ne soit pas privé de vos belles inspirations, elle vous enfermera à clef, si les promeneurs ou promeneuses, baigneurs ou baigneuses, vous entraînaient dans trop de distractions. Elle n'aura pas même égard aux caprices et à la beauté de la mer dans ses mouvements variés, si ce sublime élément vous occupait trop. Enfin, vous ne saurez pas que vous êtes à Dieppe, si vous le désirez. Mais elle et moi nous nous croirons privilégiées de le savoir.

» Je m'acquitte donc de la commission de madame la marquise de Castries, et j'ose vous prier de la recevoir avec indulgence, passant par mes mains. J'ajouterai seulement un *proviso*. Si vous accordez la pétition de deux de vos lectrices dignes d'apprécier vos pensées profondes et spirituelles, que ce soit dans le courant de ce mois. Sans cela, je serai privée du plaisir de vous voir, car je reviens à Paris le 1er septembre, où, au moins, j'espère avoir l'honneur de vous recevoir comme par le passé, en attendant que vous me donniez de l'occupation pour ma plume, comme il était convenu avant votre départ pour l'Italie[1].

---

1. En 1836, 1837 et 1838, Balzac passa chaque année, quelque temps en Italie.

» J'ai une lettre de la belle comtesse Hélène Zavadovsky. Elle se rappelle à votre souvenir. Elle est en Angleterre, à Brighton, à huit heures de chemin de Dieppe. Vous pourriez, par vos pouvoirs magnétiques, lui faire savoir que ses amis pensent à elle de ce côté de l'eau.

» Veuillez, Monsieur, recevoir, je vous prie, l'expression de mes sentiments les plus distingués.

» R[UMBOLD] DE SAINT-CLAIR. »

La lecture de la pièce de Balzac eut donc lieu chez madame Couturier de Saint-Clair.

Parmi les auditeurs, se trouvaient les ambassadrices d'Angleterre et de Sardaigne, accompagnées de l'ambassadrice d'Autriche, la comtesse Appony, très grande admiratrice de Balzac. Gérard de Nerval a sans doute fait plus tard, une confusion avec cette première lecture de *l'École des ménages*, en affirmant, dans l'article de *la Presse* dont nous avons parlé plus haut, que la pièce avait été lue en 1839 chez la grande dame autrichienne dont nous venons d'écrire le nom.

En tout cas, s'il faut en croire Balzac, ce drame fut lu par lui-même pour la seconde et dernière fois, le 8 mars 1839, chez le marquis de Custine. Nous avons déjà recueilli dans ce volume les lignes curieuses écrites à ce sujet dans *la Presse* par Théophile Gautier, et nous ne les reproduirons donc pas ici [1]. Mais on lira volontiers sans doute un extrait du feuilleton d'Eugène Guinot (Pierre Durand) publié dans le *Siècle* du 17 mars 1839 et relatif à ces auditions de *l'Ecole des ménages*, car il contient un détail très intéressant au sujet de l'origine du dénouement actuel de la pièce :

. . . .

« Pour nous reposer des fêtes bruyantes de la saison, nous avons les soirées litté-

1. Voir page 55.

raires, qui sont en très grande faveur. Mademoiselle Rachel, moins courue peut-être au théâtre, est plus recherchée que jamais dans le monde. Ce n'était pas assez de la tragédie de salon, la comédie est venue compléter le spectacle, et c'est M. de Balzac qui fait les frais de cette spirituelle récréation.

» Nous avions annoncé prématurément que l'œuvre dramatique du plus fécond de nos romanciers était reçue au théâtre de la Renaissance. *L'École des ménages*, il faut bien le dire, a été refusée par le Comité de lecture. On a répondu à M. de Balzac comme à un simple vaudevilliste : « Votre pièce est délicieuse, parfaite, admirable, *mais* nous ne pouvons pas la jouer ». Cet arrêt singulier s'explique. La comédie de M. de Balzac est un roman plein de charme, de finesse, d'esprit, de précieuse analyse et de détails enchanteurs ; elle a le mérite de tous les ouvrages de son auteur ; mais aussi elle manque d'action dramatique, et, par conséquent, excellente à la lecture, elle est impossible à la scène. Tel est le jugement que plus d'un salon a déjà réformé par des applaudissements enthousiastes.

» Un romancier, qui compte dans ses fastes une défaite dramatique [1], M. le marquis de Custine, a eu le premier l'avantage d'offrir à sa société la lecture de *l'École des ménages* faite par l'auteur.

» L'auditoire était éminemment littéraire, car M. de Custine est très hospitalier aux écrivains, surtout aux critiques. L'assemblée n'a pas été médiocrement étonnée en voyant M. de Balzac dérouler, non pas un manuscrit, mais une brochure imprimée ; le Comité de la Renaissance avait joui de la même surprise. Tout le monde ne sait pas que M. de Balzac a une façon toute particulière de procéder dans la composition de ses ouvrages. Son œuvre se formule d'abord

1. *Béatrix Cenci*, drame joué en 1833, à la Porte-Saint-Martin.

en une page qu'il envoie aux imprimeurs et qui lui revient sous forme d'épreuve ; cette page, soumise à un nouveau travail, s'épanouit, se développe et passe à une seconde épreuve, puis, à une troisième, et, ainsi de suite, vingt ou trente fois, jusqu'à ce qu'elle ait pris des proportions complètes. *Eugénie Grandet*, *le Père Goriot* et tous les romans de M. de Balzac ont été faits de la sorte ; l'auteur a suivi la même méthode pour sa comédie, et, peut-être, a-t-il eu tort cette fois, car le drame ne saurait aisément se prêter aux délicates lenteurs de ce développement.

» Bien différent de ses nouveaux confrères les auteurs dramatiques, qui ont tant de peine à trouver une idée, M. de Balzac en avait deux pour le dénouement de sa pièce ; l'une, prise dans son propre fonds, était simple, poétique, pleine de sens et de vérité, et ce fut celle-là qu'il adopta d'abord, et que le Comité de lecture ne trouva pas assez éclatante pour terminer convenablement cinq actes, car, au théâtre, cinq actes doivent finir, comme un feu d'artifice, par un bouquet plein de soleils lumineux et de fusées gerboyantes. L'auteur a voulu voir l'effet de son second dénouement, hardi, bizarre, puissant, et tiré d'une anecdote qui lui a été racontée par le premier ministre de Sa Majesté l'Empereur d'Autriche. Déjà, dit-on, M. de Balzac s'était fait aider dans ses travaux dramatiques par un de nos jeunes écrivains; voilà maintenant un troisième collaborateur qui survient, de sorte que si *l'École des ménages* est un jour jouée au Théâtre-Français avec ce second dénouement, M. Samson viendra dire au public : « Messieurs, les auteurs » de la pièce que nous avons eu l'honneur » de représenter devant vous sont MM. de » Balzac, Lassailly et de Metternich [1]. »

» *L'École des ménages*, enrichie du dé-

1. C'est à Vienne, en mai 1835, que Balzac avait été présenté au prince de Metternich.

nouement de M. de Metternich, a été lue chez M. le colonel [Couturier de] S[aint-Clair], gendre de sir S[idney] S[mith], en présence des ambassadeurs d'Autriche et de Russie, et de toutes les sommités diplomatiques. Là, comme chez M. de Custine, on a fort applaudi la pièce, et les suffrages les plus distingués ont encouragé l'auteur à persister dans la nouvelle carrière que son beau talent vient de s'ouvrir. »

. . . .

Eugène Guinot intervertit, on le voit, l'ordre des deux lectures, tel que l'établit la lettre inédite de Balzac à madame Hanska dont il a été fait mention plus haut.

IV

Ces lectures eurent un succès si reten-
tissant qu'elles attirèrent à Balzac des
plaintes nombreuses, et parfois assez amères.
Ces reproches émanaient d'admiratrices et
d'admirateurs froissés de n'avoir point
fait partie du très petit nombre d'invités
admis à ces auditions. Voici la réponse
inédite adressée par le grand écrivain à
l'une de ces mécontentes, qui, sans doute,
avait dû se plaindre en manifestant une
certaine rancune :

« Il y avait des raisons, que vous trouverez bien justes, pour que je ne vous fisse pas inviter à la lecture de M. de C[ustine] moi-même, et, comme elle a été faite du jour au lendemain, il m'a été impossible de vous voir.

» Ma pièce est d'ailleurs sans doute mauvaise et à refaire. Cela me dégoûte, à cause des ennuis qu'il y a entre l'œuvre et le public. Du livre au lecteur il n'y a rien.

» J'ai à vous demander quelque chose de littéraire. Mais, d'ici à huit ou dix jours, je ne saurais sortir.

» Mille gracieusetés.

» DE B[AL]Z[AC]. »

La contrariété ressentie par l'auteur de l'*École des ménages* pendant qu'il se trouvait forcé d'écrire cette lettre, se manifeste à chaque ligne. Nous soupçonnons fortement qu'elle fut envoyée à une femme de lettres dont nous ferons connaître ultérieurement le nom. Son initiale se trouve seule indiquée au cours d'une lettre imprimée dans la *Correspondance* de Balzac, lettre écrite par lui en juin 1836, et adressée, de Saché, à M. Émile Regnault. On y lit en effet ceci :

« ... Je voudrais bien me régaler d'aller voir Chenonceaux et Chambord, qui sont sur ma route... Comment va Jules Sandeau ?... N'oubliez pas Béthune et Level. Vous pouvez même risquer une fleur, que j'aperçois sur la joue de la belle madame M..., qui, si elle avait voulu voir les châteaux de Touraine avec moi, n'aurait pas eu à regretter ce beau voyage... »

En acceptant cette offre dans son propre pays, la dame en question eût sans doute risqué de se compromettre. Mais il n'en était pas de même à l'étranger. Aussi ne refusa-t-elle pas, quelques semaines après

(juillet-août 1836), de suivre le maître jusqu'à Turin et d'exécuter en sa compagnie un
court voyage en Piémont.

Ainsi qu'on le verra plus loin, ce fut précisément au retour de cette course rapide que
Balzac apprit la mort, — survenue le 27 juillet 1836, — de madame de Berny, l'amie
incomparable qui avait été la providence de
sa jeunesse. Cette soudaine séparation laissa
dans son âme, disons-le à son honneur, une
meurtrissure profondément douloureuse,
que rien ne put jamais effacer.

Berrichonne comme George Sand, à laquelle elle ressemblait beaucoup, l'héroïne
de l'équipée italienne dont nous venons de
parler, à l'instar de sa célèbre compatriote
s'habillait fréquemment en homme. Pendant le cours de cette excursion, on la prit
même fort souvent pour l'auteur d'*Indiana*,
méprise qui charmait la jeune femme, et à
laquelle son travestissement aidait volontairement d'ailleurs.

Balzac et sa compagne arrivèrent ensemble dans ces conditions à Turin, où notre héros se plût à intriguer tout le monde au sujet de ce charmant petit page qu'il traînait à sa suite, le produisant même chez la marquise de Saint-Thomas, l'une des notabilités mondaines les plus en vue de la société turinoise d'alors. Mais à personne il ne fit connaître la vérité ni sur la situation réelle de son compagnon de voyage, ni sur son sexe, laissant tout au contraire planer une sorte de mystère poétique sur sa véritable personnalité. On retrouve la trace de cette piquante aventure dans ce joli billet du comte Frédéric Sclopis de Salerano, le célèbre homme d'État piémontais, billet découvert dans les papiers de Balzac, et qui lui fut porté, à Turin même, à l'hôtel de l'Europe, où le maître était descendu. Le comte Sclopis prenait ainsi congé du grand écrivain, car ce dernier ne devait quitter le Piémont que huit ou dix jours plus tard :

« Turin, 9 août 1836.

» Les adieux sont toujours pénibles lorsqu'il s'agit de quitter des personnes auxquelles on prend un véritable intérêt ; c'est pour ne pas aggraver encore le regret que j'éprouve en me séparant de vous, que je me suis interdit de venir vous rendre mes devoirs ce soir. Je compte sur le : *je reviendrai,* que vous avez écrit. Je vous prie de ne point m'oublier auprès de votre charmant compagnon de voyage. Notre sexe n'oserait sérieusement le revendiquer, de crainte de le perdre dans l'autre. Dites-lui qu'il nous éclaircisse le mystère. Soit qu'on l'attribue au dévouement ou à l'indépendance, il n'a fait qu'exciter plus vivement notre attention, Si vous ne dédaignez pas cette attention, nous aurons le mot de l'énigme.

» FRÉDÉRIC SCLOPIS. »

Sur son désir, Balzac avait été vivement

recommandé à l'auteur de ces lignes par le marquis de Brignole, ministre du Piémont à Paris, et l'ambassadeur d'Autriche en France, le comte Appony, qui goûtait tout particulièrement le talent du maître, avait fortement appuyé auprès de son collègue sa demande de recommandation. Nous lisons aussi dans la missive officielle du marquis de Brignole à son compatriote, que Balzac avait donné pour raison de son voyage à Turin qu'il allait « y défendre une cause de M. Guidoboni-Visconti ». Cela explique les mots : « nos affaires », qui reviennent plusieurs fois dans les lettres citées plus loin.

Le comte Sclopis s'était donc empressé de se mettre à la disposition du voyageur et de se faire avec la plus entière bonne grâce, son *cicerone* dans les salons de l'aristocratie turinoise. Un souvenir de la visite du romancier au marquis de Rumigny, ambassadeur de France à Turin, est même resté gravé dans la mémoire de ses filles, fort jeunes à cette époque. En les voyant occupées toutes trois, dans le salon de l'ambassade, à broder et à parfiler, — genre de travail dont la mode même est aujourd'hui bien oubliée, — le grand écrivain les avait gracieusement surnommées : *mesdemoiselles de Soie.*

L'aimable mot d'adieu du comte Sclopis ne resta pas sans réponse, car Balzac lui fit aussitôt remettre la curieuse lettre que voici :

« Turin, 9 août 1836.

» Nous ne voulons pas vous laisser partir sans vous dire ici, puisque nous ne pouvons pas le dire de vive voix, combien nous sommes touchés de votre gracieux accueil, et des bontés différentes qui se rencontrent dans votre bonté. J'en suis particulièrement reconnaissant, parce qu'à part ce que vous deviez peut-être à mes recommandations, je suis fier d'un petit bout de sympathie, et,

comme vous êtes une belle et noble âme, il
faut s'enorgueillir de ces sentiments com-
mencés. Vous ne m'avez pas dit le : « *soyons
amis* » piémontais, peut-être pour me laisser
le privilège de vous le dire le premier. Je
me fais Piémontais pour un moment et vous
confie nos intérêts comme à un vieil ami.
Vous ne vous étonnerez pas de me voir vous
souhaiter un bon voyage et tous les plaisirs
que vous désirez. Je voudrais, dans ces cas-
là, avoir la puissance de Dieu pour réaliser
les rêves de ceux que j'aime.

» Quant à mon compagnon de voyage,
il vous envoie mille gracieusetés. Ce n'est
certainement pas ce que vous croyez qu'il
est. Mais je me repose sur la grâce chevaleresque qu'il a distinguée dans votre caractère pour que vous soyez bon pour lui. Je
vous dirai [donc] de ne jamais le reconnaître, car c'est une charmante, spirituelle et
vertueuse femme, qui, n'ayant jamais [eu]
la chance de respirer dans sa vie l'air de

l'Italie, et pouvant filouter vingt jours sur les ennuis du ménage, s'est reposée sur mon âme pour un inviolable secret et une retenue *scipionesque*. Elle sait qui j'aime, et y a trouvé la plus forte des garanties. Appuyée là-dessus, elle s'est amusée, pour la seule et unique fois de sa vie, à mener la vie de garçon. Elle a une si haute opinion de vous que, quand vous pourrez revoir la femme, grande et honorée, elle vous accueillera sans rougir.

» Voilà le roman [arrivé] au dernier chapitre. Trouvez-y une amitié vive et le regret de vous avoir si bien connu en peu de temps, car les regrets sont en raison de ce que l'on perd. Le terme de vingt jours est celui de la pantoufle verte de Cendrillon. Il faut que *Marcel* reprenne son diadème de femme et quitte sa cravache d'étudiant !

» *Addio*. Avant que je vous revoie, je vous écrirai souvent sur nos affaires. Vous voyez

que l'égoïsme est à côté du dévouement de
votre d[évoué] s[erviteur]

« DE BALZAC.

» Mes respects, sous leur forme la plus
gracieuse, à madame la comtesse Sclopis ».

Donc, pour exécuter sa romanesque pro-
menade à travers la Péninsule, la dame dé-
guisée en Kaled de ce nouveau mais moins
poétique Lara, avait adopté le nom porté
dans *les Huguenots* par le dévoué serviteur
de Raoul de Nangis. Dans l'esprit de la
voyageuse, c'était là sans aucun doute une
allusion à l'inébranlable fidélité que, jusqu'à la mort, le vieil écuyer garde à son
maître. A ce moment, d'ailleurs, l'héroïque
personnage, si brillamment mis à la scène
par Scribe, était encore dans tout l'éclat
de sa nouveauté, le chef-d'œuvre de Meyerbeer ayant été représenté pour la première
fois moins de six mois auparavant, c'est-

à-dire le 29 février de cette même année
1836.

A son retour en France, Balzac fut aussitôt ressaisi par la vie dévorante à laquelle
il finit par succomber, et terrassé en même
temps par la douleur que lui causa la perte
de madame de Berny. Une lettre d'Alexandre
de Berny, l'un des fils de son amie, fit connaître brusquement au pauvre Honoré l'irréparable malheur qui le frappait. Il trouva
cette missive, — aujourd'hui entre nos
mains, — parmi toutes celles qui l'atten-
daient amoncelées sur son bureau, et, sans
préparation aucune, apprit ainsi l'horrible
nouvelle. Cette mort inattendue, qui s'était
produite en son absence, et par conséquent
dans des conditions tout particulièrement
cruelles pour son cœur aimant, foudroya
littéralement l'auteur de *Louis Lambert*.

Aussi, pendant plusieurs semaines ne
put-il se résoudre à donner signe de vie
à son aimable guide dans Turin. Ce fut

seulement au mois de septembre qu'il se décida enfin à lui adresser la lettre suivante :

« Paris, 1ᵉʳ septembre 1836.

» Cher comte,

» Nous avons fait, — Marcel et moi, — un très fatigant voyage, car il a fallu voir tant de choses (le lac Majeur, le lac d'Orta, le Simplon, la vallée de Sion, le lac de Genève, Vevey, Lausanne, la Valseline, Bourg et sa belle église), que le temps nous manquait, et nous le prenions sur notre sommeil. Nous vous avons cherché à Genève, mais en vain. Nous nous sommes promenés à toutes les promenades : « et point de Sclopis ! » s'écriait Marcel.

» Arrivé à Paris, j'ai été pris au collet par les affaires. Puis, un violent chagrin m'y attendait. J'ai perdu, pendant mon voyage, une personne qui était la moitié de ma vie, en sorte que vous me pardonnerez le retard qu'a éprouvé ma lettre et l'envoi des livres que je vous avais destinés. Ce sont les trois ouvrages que j'ai le plus soignés. Quand j'aurai fini les deux derniers volumes des douze premiers de mes *Études de mœurs au dix-neuvième siècle*, vous les recevrez tous, car j'ai hâte de vous prouver que je ne suis ni ingrat, ni français, dans le sens d'oublier de promesses que nous passons pour prodiguer.

———

» L'entraînement de ma vie est tel ici, que j'ai commencé cette lettre le premier du mois, et que je n'ai pu la reprendre qu'à la fin. Je prends le parti de vous l'envoyer par la poste, car il n'est pas sûr que l'ambassade puisse envoyer immédiatement vos deux paquets. Je n'ai pas encore remis votre livre à M. Beugnot. Mais demain matin il partira.

» J'espère que ce que j'envoie à M. l'abbé Gazzera lui parviendra fidèlement. C'est, en qualité de bibliophile, un exemplaire sur papier de Chine de la première, quoique mauvaise édition du *Livre mystique*. Je l'ai mis dans l'envoi au marquis de Saint-Thomas.

» J'ai repris la vie du forçat littéraire. Je me lève à minuit et me couche à six heures du soir. A peine ces dix-huit heures de travail peuvent-elles suffire à mes occupations. Le contraste de ma vie studieuse et des vingt-six jours de dissipation que je me suis donnés me fait un singulier effet. Il y a des heures où je crois avoir rêvé. Je me demande si Turin existe. Puis, en pensant à votre gracieux accueil, je m'aperçois que ce n'est pas un songe.

» Je vous supplie, au nom de ce commencement d'amitié, qui s'augmentera, je l'espère, de veiller au cher petit procillon et à notre bon avocat Colla, à qui je vous prie de rappeler moins le client que l'admirateur de ses belles et nobles qualités. Qu'il prenne les intérêts de monsieur et [de] madame Guidoboni-Visconti sous son oreille gauche !

» Ne doutez pas, cher comte, que parfois, au milieu de mes longues veilles et entre deux épreuves, ne surgisse un souvenir de mon séjour et de vos gracieusetés. Je ne vous enverrai point les *Études philosophiques* in-douze. J'attendrai que cette édition *turpide*, destinée à nos petits cabinets littéraires, soit terminée, et réimprimée en un glorieux in-octavo, pour vous en faire hommage, car alors le style sera meilleur et les idées plus complètes. D'ailleurs, peut-être vous l'apporterai-je moi-même, avec les *Études de mœurs au dix-neuvième siècle*, car je reverrai l'Italie.

» Je compte sur votre obligeance pour me rappeler au souvenir de toutes les personnes que vous m'avez fait connaître, et pour mettre aux pieds de madame la comtesse votre mère, mes plus respectueux hommages ;

et veuillez me mettre au nombre de ceux qui vous disent, tout en vous serrant affectueusement la main : v[otre] d[évoué] s[erviteur]

» DE BALZAC. »

« Si vous m'écrivez, adressez à : « *Madame veuve Durand*, rue des Batailles, 13, Chaillot-Paris », sous double enveloppe. Ceci est le secret de ma retraite, où ni la garde nationale, — qui, pendant mon absence, m'a condamné à dix jours de prison, — ni personne, ne me sait ni ne m'importune.

» Oh ! comme j'aimerais, dans six mois, à redescendre le Mont-Cenis ! Mais il faut mettre au jour bien des volumes, de pernicieuses compositions, [du moins pour ma santé], de douloureuses phrases !

» *Addio !* »

Les autographes des missives inédites que nous venons de citer, sont conservés à la bibliothèque de l'Académie Royale des Sciences à Turin. Nous en devons la connaissance et la communication à l'extrême obligeance de son secrétaire perpétuel, M. Ermanno Ferrero.

Les trois œuvres dont Balzac, dans la seconde de ces lettres, parle comme étant celles qu'il a le plus travaillées, sont *le Médecin de campagne*, *Louis Lambert* et *Séraphita*.

Nous ne dirons rien ici de l'affaire Guidoboni-Visconti, à laquelle l'écrivain fait également allusion, affaire qui, l'année suivante, ramena de nouveau Balzac en Italie. Les détails qu'elle comporte nous entraîneraient trop loin.

Le 5 octobre, le comte Sclopis répondit en ces termes au dernier envoi de l'auteur de *la Peau de Chagrin*. Ainsi se termina, croyons-nous, la courte correspondance entre ces deux hommes, dont la personnalité, bien qu'à des degrés fort différents, est demeurée si intéressante :

« Turin, 5 octobre 1836.

» J'ai bien regretté, mon cher monsieur de Balzac, de n'avoir connu que trop tard le changement apporté dans la direction de votre voyage de retour en France. Tandis que je vous croyais sur les rivages parfumés de la Corniche, vous vous dirigiez vers le Simplon et la Suisse. Si j'avais pu croire d'être si près de vous, j'aurais cherché le moyen de vous revoir, et j'aurais été charmé de me présenter à **M.** Marcel comme le *cicerone* de Genève et d'Aix. Veuillez dire à votre aimable compagnon de voyage que je le prie de me garder une petite place dans son souvenir. Je me crois en droit d'obtenir cette faveur, par le prix tout particulier que j'y attache.

» Je suis bien fâché d'apprendre que vous ayez éprouvé une vive et profonde affliction ; la surcharge de travail qui pèse sur vous pourra encore produire l'effet d'une distraction qui, pour être forcée, n'en sera pas moins active.

» A part cela, nous ne saurions encore vous plaindre, puisque vos veilles sont toujours si fécondes en résultats qui excitent, entraînent, absorbent l'attention de tant de milliers de lecteurs. Grâce à cette espèce *d'ubiquité* humaine qui n'est départie qu'aux gens de lettres, j'ai pu m'entretenir avec vous pendant mon petit voyage de Savoie. J'ai lu *le Lys dans la vallée*, et je ne saurais assez vous dire combien j'ai admiré l'évidence de ces caractères de femmes que vous y avez tracés. Vous avez bien sondé le cœur humain, et, dans l'exposé de ces vicissitudes, à la fois simples et touchantes, de la vie intérieure, il y a une vérité qui va à l'âme. Le caractère angélique de madame de Mortsauf m'a vivement ému. Recevez cet aveu comme l'hommage d'un lecteur qui ne s'abandonne au *sentimentalisme* que lorsqu'il est vrai, et borné à l'action puissante du naturel dans son expression la plus pure.

» Je recevrai avec beaucoup de reconnaissance les livres que vous avez eu la bonté de me destiner. Ce présent me sera d'autant plus cher, qu'il me viendra comme une preuve de l'amitié dont vous m'honorez, témoignage flatteur d'un sentiment que je partage bien sincèrement.

» L'abbé Gazzera a reçu avec un transport de reconnaissance, tout à fait digne d'un bibliophile, l'annonce de l'envoi de l'édition sur papier de Chine du *Livre mystique*. Il se réserve à vous en remercier plus particulièrement[1].

» Songez quelquefois à vos amis de Turin,

---

1. Ce précieux exemplaire, — le seul connu sur ce papier, — n'a pas été retrouvé dans la bibliothèque de M. l'abbé Gazzera, léguée tout entière par lui à l'Académie royale des sciences de Turin, dont il avait été le secrétaire perpétuel. L'ouvrage ayant été mis à l'index le 15 novembre 1841, peut-être son propriétaire a-t-il cru devoir détruire ensuite ces rares volumes.

mon cher monsieur de Balzac; vous avez pris l'engagement de faire une visite à l'Italie, et vous devez vous arrêter encore à *la loge du portier*, rôle qui a parfois coûté cher au Piémont. Nous aurons soin de vous retenir quelque temps avant que de vous introduire dans l'intérieur de cette Péninsule, si riche en souvenirs et en monuments *di un tempo che fu.*

» Ma mère, très sensible à ce que vous lui avez fait dire, me charge de vous offrir ses compliments les plus distingués. Tous nos amis que vous avez connus ici désirent de vous être rappelés. Comme nous sommes au temps des vacances, M. Colla se trouve à sa campagne. Je vais lui écrire pour ne pas retarder d'un instant vos sollicitations. Il y a quelque temps, nous avons causé ensemble de l'affaire dont vous lui avez confié la direction. Il m'a dit vous avoir écrit plus d'une lettre à ce sujet. Les avez-vous reçues?

» Si vous avez quelques ordres à donner

pour le Piémont et les pays qui l'avoisinent,
songez que personne ne sera plus empressé
de les remplir que votre d[évoué] s[servi-
teur],

> FRÉDÉRIC SCLOPIS. »

Ainsi qu'on vient de le voir, dans cette
lettre l'aimable Piémontais se rappelle encore avec insistance au souvenir de *Marcel*,
l'énigmatique camarade de l'écrivain.

En 1842, lors de la publication du
deuxième volume de *la Comédie humaine*
Balzac se souvint de cet épisode de sa vie
et s'empressa de dédier en ces aimables
termes *la Grenadière* à sa compagne de route :
A la poésie du voyage, le voyageur reconnaissant.
Mais celle-ci, qui n'était autre que madame
Marbouty, connue en littérature sous le nom
de Claire Brunne, s'étant brouillée avec son
ancien ami, fit paraître, en avril 1844, l'œuvre
la moins ignorée qui subsiste d'elle : *Une fausse
Position.* C'est un roman à clef, dont tous les

personnages sont des portraits, parmi lesquels le grand Honoré figure sous le nom d'Ulric. Telle est la raison pour laquelle la première dédicace de *la Grenadière* ne fut pas maintenue en tête des réimpressions de l'œuvre.

Toutefois, au moment où l'auteur de *l'École des ménages* travaillait à cette pièce, Claire Brunne et lui étaient encore en excellents termes, car nous trouvons dans un cahier de souvenirs inédits laissé par madame Marbouty les lignes suivantes, datées de février 1839 :

« Balzac est venu me lire les deux premiers actes de *l'École des ménages*, comédie qu'il fait pour la Renaissance. Cela m'a semblé fort bien, les caractères habilement dépeints, fortement tracés, bien en scène. Puis, il est revenu quelques jours après. Il était plein de découragement. Une grande dame à laquelle il en avait fait lecture,

l'avait blâmée et jugée sévèrement. « C'était
» ennuyeux », lui avait-elle dit. J'ai cherché
à le remonter ; je crois y avoir réussi. »

Ce fut sans doute peu de temps après cette
visite que les relations de Balzac avec son
ancienne compagne de voyage subirent une
modification sensible. En effet, deux ans
avant l'impression de la dédicace de *la Grenadière*, le grand écrivain recevait déjà de
son Kaled d'autrefois des lettres aigres-
douces, dans le genre de celle-ci, laquelle
a trait au drame de *Vautrin*, représenté pour
la première fois le samedi 14 mars 1840 :

« Jeudi matin [12 mars 1840].

» Malgré votre apparent oubli, qui n'est
ni aimable, *ni généreux*, je compte toujours
sur une bonne petite place dans votre souvenir. C'est à cette place que je viens frapper
aujourd'hui pour vous dire le désir que
j'aurais d'assister à la première représenta-

tion de votre pièce. Vous savez combien je prends part à vos succès, je suis heureuse d'y contribuer et d'en être le témoin, et de pouvoir, *des premiers*, dire à tous *nos amis* l'opinion favorable que, j'en suis assurée, m'inspirera votre œuvre.

» Ne m'oubliez pas dans la distribution de vos billets. Je ferai prendre chez vous ou chez votre concierge, samedi, ce que vous me destinez.

» Mille et mille compliments.

» C[AROLINE] MARBOUTY. »

V

Mais terminons cette trop longue digression, et revenons enfin à *l'École des ménages*.

Tout s'efface ici-bas, et le bruit causé d'abord par l'œuvre du maître s'éteignit peu à peu. Lui-même, après sa période ordinaire d'enthousiasme pour la plus récente production sortie de sa plume, se dégoûta, comme on l'a vu, de son drame, qu'il avait, ainsi qu'il le projetait, communiqué à Gustave Planche. Ajoutons toutefois que, de son côté, le critique avait aussi demandé à connaître l'ouvrage. Planche, dont on n'a pas oublié la proverbiale sévérité, s'appesantit surtout, — sans tenir compte qu'il s'agissait d'un début à la scène, — sur les imperfections de la pièce, et ne manqua pas, selon son habitude, de décourager impitoyablement l'auteur.

Balzac fit donc rentrer la pauvre tragédie bourgeoise dans ses cartons, dont, lui vivant, elle ne devait jamais sortir, et l'on a vu, au début de ce travail, par quel heureux hasard elle n'a pas disparu pour jamais.

Quelques semaines après la mort du maître, Gérard de Nerval, qui faisait au feuilleton de *la Presse* l'intérim de Théophile Gautier, alors en Italie, publia dans le numéro du 7 octobre 1850 l'intéressant article dont voici les principaux passages ; ainsi que nous l'avons déjà fait observer plus haut, tous les détails n'en sont pas cependant d'une entière exactitude :

« Puisque nous continuons encore, en l'absence de notre ami, ce *feuilleton-confidence*, parlons un peu de Balzac. « Cela fait du bien, » comme disait Victor Hugo en parlant de Napoléon.

» Ce qui nous donne cette idée, c'est une charmante *Revue de Paris* d'Eugène Guinot, qui a quitté *le Siècle* et est passé à *l'Ordre*, mais qui est toujours, malgré la signature obligée, le bon Pierre Durand que nous aimions tant à lire [1].

» Pierre Durand attribue à l'Académie une pensée que nous qualifierons facilement d'absurde, c'est de n'avoir point *admis dans son sein* Honoré de Balzac, sous prétexte qu'il avait des dettes !... Au besoin, l'on pourrait dire que l'Académie n'est pas une chambre de commerce, et, s'il fallait justifier de n'avoir jamais eu un billet protesté pour entrer dans cette honorable compagnie, il y a peu

____

1. *L'Ordre*, 6 octobre 1850.

d'écrivains qui se reconnaîtraient le droit
d'y figurer.

» Ceux qui n'ont pu, comme Voltaire,
faire fortune dans les spéculations des fer-
miers généraux; ceux qui n'ont pu, comme
Beaumarchais, assurer leur indépendance
future en vendant des fusils aux Américains,
révoltés contre l'Angleterre; ceux enfin qui
n'ont pas dû au hasard de la naissance une
de ces hautes positions de loisir qui permettent de *cultiver* les muses à l'ombre des
tilleuls plantés par leurs parents; ceux
encore qui ne vendent leur plume d'aucune
manière et sous aucun prétexte, se voient
rejetés naturellement dans la classe des bo-
hèmes. C'est convenu dans un certain monde,
et c'est juste; Balzac le reconnaissait volontiers [1].

---

1. Balzac a du reste payé ses dettes entièrement. Il aimait
parfois, dans sa conversation, à rappeler ce mot de Napoléon : « Tout se paie ! »   (Note de l'auteur).

L'exactitude de cette note est plus que contestable.
                                        S. L.

» Un jour, il lui vint à l'esprit de faire, comme on dit, *du théâtre*. Cela devait être, en apparence, bien facile pour lui, dont les romans avaient fourni déjà une large pâture à l'imagination de nos vaudevillistes. Eh bien ! il s'en préoccupait comme d'une impossibilité qu'il espérait résoudre par une volonté ferme. Il sentait du reste, avec son esprit pratique, qu'il était impossible d'arriver *seul* au théâtre, — du moins pour y gagner de l'argent. C'était alors sa manie, très honorable du reste, puisque son but était de vivre selon ses goûts, et de satisfaire un jour ses créanciers.

» A cette époque, il ne rêvait que d'architecture, — ce qui ne s'éloignait pas beaucoup, au fond, de la pensée du drame. Il avait acheté, avec le produit d'un de ses romans, un terrain à Sèvres, près de la ligne *future* du chemin de fer, à cent pas d'une *station*. Il avait calculé cela et le disait à tout le monde naïvement.

» On peut l'avouer aujourd'hui, le spéculateur chimérique, l'inventeur prodigue des millions du père Grandet, avait mal choisi son terrain, et le vendeur devait en rire... C'était une vingtaine d'ares en surface, à la hauteur du chemin de fer, et dominant de haut la route de Ville-d'Avray à Sèvres; mais c'était bien le plus abominable terrain qui fût au monde; un fond de glaise maintenait les eaux dans la couche sablonneuse supérieure; puis, au-dessus du sable venait la terre végétale. Or, dans un tel terrain voici ce qui se passe lorsqu'on bâtit : le poids des moellons force les eaux retenues dans les couches de sable à s'échapper par les fentes et les fissures de la glaise; le sable alors, en se tassant, fait varier la surface du sol, et la maison s'en va. On recommence : même cause, même effet.

» C'est ce qui est arrivé trois fois; la maison, construite d'après les dessins de Balzac lui-même, s'en allait peu à peu vers la

route. Elle y glissait d'une manière insen-
sible, comme on glisse vers la tombe. Il
commença alors à parler de *pilotis* qu'on
pouvait implanter dans le sol pour le raffermir.

» Il ne croyait pas aux bois ordinaires
que notre commerce national aurait pu lui
fournir pour cette entreprise. Il nous parlait de pilotis en bois d'aloës... Ceci peut
étonner au premier abord, — mais tout
s'expliquait par ce simple fait : Il y a, disait-il, à Venise, des palais magnifiques,
entièrement construits sur des pilotis d'aloës.
Les héritiers des grandes familles du pays
vivent pauvrement en général, avec une
pension de douze cents *Zwanzigs* que leur
fait l'Autriche. Ils n'ont pas le droit de
vendre les tableaux, ni les marbres ; mais
en dessous main ils ont établi un commerce
inconnu de l'Autriche, c'est de faire scier
la nuit les vieux pilotis incorruptibles de
bois d'aloës et de les remplacer par des

pilotis en chêne; je veux, ajoutait-il, en secret, faire acheter quelques centaines de ces
pilotis d'aloës, pour raffermir mon terrain.

» Cependant un *entrepreneur* intelligent
lui prouva qu'avec un bon système de ter-
rassement, les pilotis deviendraient inutiles.
Il arrêta donc sa commande de Venise. Et,
en effet, la maison dominant bientôt trois
étages de terrasses, se trouva solidifiée par
de petits murs en moellons, qui, suppor-
tant des vases de fleurs, présentaient d'en
bas, pour nous servir d'une phrase de Fé-
nelon, un horizon à souhait pour le plaisir
des yeux.

» Dans la maison construite d'après ses
dessins, Balzac n'avait oublié qu'une chose,
— l'escalier. Sur les observations qu'on lui
fit, il établit l'escalier au dehors, comme
dans les chalets suisses. Ce détail est connu.
Ce qui l'est moins, c'est qu'à peine la maison bâtie et solidifiée, il y composa un
drame. Reconnaissant la nécessité de la col-

laboration, mais ne voulant pas, avec sa haute position littéraire, passer sous le joug des *charpentiers* dramatiques, — il prit simplement un élève. C'était un brave garçon, et même un poète distingué, que nous avons tous connu[1]. Balzac lui dit : « Il ne » faut pas vous attendre à vivre chez moi » d'une existence ordinaire ; aux *Jardies*, » on ne vit que la nuit ; — le jour, on » dort, — excepté moi, qui ai des affaires » et qui dors peu. »

» Le jeune poète se laissa faire. Balzac l'emmena chez lui, un soir à dix heures, et lui dit : « Vous avez encore de vieilles habi- » tudes ; couchez-vous, je vous ferai réveil- » ler quand il le faudra. »

» A une heure du matin, un domestique en livrée entra dans la chambre du jeune homme et dit : « Monsieur vous prie de vous » lever. » Il se leva.

—————

1. Lassailly.

» On le conduisit à la salle à manger ; il y trouva un repas servi. Cela se composait exclusivement de côtelettes et d'oseille. Ensuite on lui fit prendre du café très fort.

» Au moment où le jeune homme finissait sa demi-tasse, Balzac entra dans ce costume de moine qu'il affectionnait comme robe de chambre, et lui dit : « Commençons. » Il l'emmena dans une autre pièce où se trouvait sur un bureau une main de papier encore vierge, et lui dit : « Écrivez : — » *L'École des Ménages.* » Puis, il se promena à grands pas, dictant des scènes inspirées, qu'il suffisait de rédiger correctement, **et ce** travail dura jusqu'à sept heures du matin. A cette heure-là, Balzac sortit.

» Le domestique entra et dit au jeune homme : « Monsieur vous prie de **vous** » recoucher. » On le fit lever à midi, pour prendre un autre repas; puis il s'agissait de se promener pendant quatre heures, et ensuite de reprendre ce travail, espacé de côtelettes à l'oseille, de café, de promenades et de repos.

» Telle était la règle aux *Jardies*.

» La pièce fut écrite en quinze jours. Balzac la fit immédiatement imprimer en un texte fin à deux colonnes, dont on ne tira que douze exemplaires. Il en fit la lecture chez madame d'Appony.

» Nous pensons bien qu'aucun exemplaire de cette pièce n'est resté en France; il nous a été impossible de la retrouver, mais nous avons gardé un profond souvenir de la lecture.

» *L'École des ménages* était, selon la pensée de Balzac, quelque chose comme les *drames* de Molière et de Beaumarchais. Il y avait un peu de cela, en effet.

» Les cinq actes se passaient dans une boutique de marchand de nouveautés. Le patron, — un brave homme d'une cinquantaine d'années qui avait servi sous l'Empire, — vivait patriarcalement entouré de sa mère, de sa femme, de sa fille... Seulement, son état l'obligeait à avoir chez lui des demoiselles de boutique, jolies, autant que possible, adroites et laborieuses surtout.

» Telle était mademoiselle Adrienne, la première demoiselle, — et, en outre, si gracieuse, si blanche, si élancée de taille, — avec son profil aquilin, encadré d'épaisses grappes de cheveux blonds cendrés roulés à l'anglaise... Si bien que le brave commerçant se trouvait épris de sa demoiselle de boutique sans le moins du monde s'en être aperçu.

» Là commençait le drame de famille! Le marchand était obligé d'aller à Rouen pour affaires. Sa femme profitait de cette absence pour chasser, sous un prétexte quelconque, mademoiselle Adrienne. Au second acte, le marchand revenait de Rouen.

» Il remarquait tout d'abord l'absence de la demoiselle... mais il n'en marquait rien. Il embrassait sa femme, sa fille, se disant à

lui-même : « Adrienne sera sortie pour une
» commission... »

» Puis, par des préparations successives,
la vérité se faisait jour. C'était terrible.
« — Vous avez renvoyé Adrienne, disait-il à
» sa femme... Je sors, et malheur à tous,
» malheur à moi-même si je ne puis la
» retrouver ! »

» Il la ramenait au troisième acte, et l'on
peut comprendre quel trouble et quelle
sourde lutte dans cet intérieur de famille
bourgeoise. Au quatrième acte, la petite
fille, assistant sans cesse aux lamentations
de sa mère et de sa grand'mère, prenait une
fatale résolution, dont la lecture d'un journal judiciaire lui donnait l'idée. Elle trouvait dans la cuisine un cornet rempli d'arse-
nic, destiné aux rats, et elle le versait dans
le café au lait de la demoiselle de boutique.

» Il est inutile de donner tous les détails
de cette action. Ce qui était beau, c'est la
fin de l'acte, où le père de famille faisait

11.

fermer toutes les portes, et sachant que le crime ne pouvait avoir été commis que dans sa maison, faisait, comme juge domestique, comparaître tout le monde devant lui.

» C'étaient tour à tour sa mère, sa femme sa servante, qui avaient à répondre ; la terreur planait sur toutes les têtes...

» Puis, quand un hasard amenait enfin la véritable coupable, il est impossible de rendre la poignante réalité qu'avait trouvée Balzac pour une telle situation[1].

» Ce qui était remarquable encore, c'est que ce rôle d'Adrienne, qui semble au premier abord un Tartuffe femelle dérangeant tout un ménage, était délicieux de grâce et de sentiment; on comprenait que la fatalité seule s'était appesantie sur cette pauvre famille bourgeoise, et y semait toutes les

---

1. Balzac a malheureusement modifié les détails de cette enquête domestique, et détruit en outre sa première version. Dans le texte définitif, ni la mère ni la servante de M. Gérard ne sont plus interrogées.

haines, toutes les terreurs, tous les remords
que les poètes grecs ont prêtés aux Atrides.

» A défaut d'un drame nouveau, qui nous
manque pour cette semaine, on voudra bien,
nous l'espérons, accepter cette analyse incomplète d'un drame peut-être à jamais
perdu. »

. . . .

Après l'éclatant succès posthume de *Mercadet*, si habilement mis à la scène par
M. d'Ennery, l'*École des ménages* lui fut soumise, et son concours sollicité afin de faire
subir à l'œuvre les modifications qu'il jugerait nécessaires pour sa représentation. Mais
le grand dramaturge déclina cette mission.
Plus tard, M. Duquesnel, le distingué directeur de l'Odéon et de la Porte-Saint-Martin,
revint à la charge, et voici la réponse inédite qu'il reçut alors de M. d'Ennery.

Les hasards des ventes d'autographes l'ont
fait tomber entre nos mains :

« 5 août 1873.

» Mon cher ami.

» Autant que je m'en souvienne, il y a de fort bonnes choses dans la pièce de Balzac. Il y a, surtout, un caractère de jeune fille ! !...

» Mais quel dénouement !

» L'amant et l'amante deviennent fous tous deux !...

» On en rirait.

» Est-ce que je me trompe? Ou bien mes souvenirs me servent-ils bien ?

» Ne m'envoyez pas la pièce. J'aime mieux qu'à mon retour à Paris nous la lisions ensemble.

» Ah ! comme vous y allez !

» Celle-là d'abord, et puis, tout de suite après, l'*Homme de Neige*[1] ! Et puis quoi encore ?

1. Drame, encore inédit, de George Sand.

» S'il ne s'agissait, mon cher ami, que de simples arrangements, je vous dirais : je vais me mettre au travail, et ce ne sera plus qu'une question de semaines. Mais il faut *trouver*, combiner des situations nouvelles, qui soient en rapport avec celles que l'on conservera.

» Dans l'ouvrage de madame Sand, comme dans celui de Balzac, il y a des caractères excellents, des physionomies originales, et, disons-le entre nous, dans l'une comme dans l'autre, l'action tourne à l'absurde. L'absurdité est moins flagrante dans l'*Homme de Neige* ; mais le gros vieux mélodrame la remplace d'une désagréable façon. Il y a dans l'*Homme de Neige* deux premiers actes charmants. Le troisième est à trouver tout entier.

» Il y a, si je m'en souviens bien, dans la pièce de Balzac, un point de départ, des personnages bien tracés et un caractère de jeune fille superbe... Et puis, c'est tout.

» Je veux bien songer à ces deux ouvrages, mais qui peut savoir quand viendra l'idée, la pensée complémentaire, qui n'est réellement venue ni à Balzac, ni à madame Sand ?

» Je vous le répète, mon cher ami, nous en causerons à mon retour à Paris, et j'y prendrai un plaisir d'autant plus vif que vous êtes un des hommes avec lesquels j'aime le mieux à causer.

»   .   .   .   .

» Votre bien affectionné

» AD[OLPHE] D'ENNERY. »

On le voit, ces divers jugements sont bien différents, et ne donnent guère d'opinion décisive sur la valeur réelle de l'ouvrage.

N'oublions pas d'ajouter que le titre définitivement attribué par l'écrivain à son œuvre lui fut emprunté sans scrupule, comme on l'a fait si souvent d'ailleurs pour un grand nombre de sujets tirés de ses romans et transportés ensuite sur la scène. En effet, M. Arthur de Beauplan fit représenter, le 11 mai 1858, sur le théâtre de l'Odéon, une comédie en cinq actes et en vers intitulée : *l'École des ménages*.

Et voilà comment, après plus de cinquante-sept ans, la première œuvre dramatique de Balzac véritablement écrite pour la scène, alors qu'il était à l'apogée de sa force de conception aussi bien que de sa puissance d'expression, n'a pas encore vu le feu de la rampe et ne le verra peut-être jamais !

Mars 1894 — juillet 1895.

III

UN PORTRAIT

L'histoire du daguerréotype de Balzac reproduit dans le numéro de mai 1891 de *Paris-Photographe*, est vraiment curieuse. Il advint plus d'une aventure à cette plaque photographique avant d'être placée sous les yeux du public dans son intégrité absolue, et ce sont les étapes de ces transformations que nous allons passer en revue.

Dans un paragraphe, daté du 2 mai 1842, de la lettre inédite adressée à madame Hanska dont nous avons parlé ailleurs[1], Balzac lui annonce qu'il revient de chez le *daguerréotypeur*, et offre de lui expédier son image ainsi reproduite, dans une lettre, à Saint-Pétersbourg.

S'agissait-il du portrait publié par *Paris-Photographe?* Nous en doutons fort. Balzac ne l'eût pas offert à son étoile lointaine, à son Ève bien-aimée, sous la forme si dénuée de coquetterie qui le rend tout à fait précieux pour nous. Les premières plaques dont il parlait, envoyées ou non en Russie, sont sans doute détruites et sûrement perdues aujourd'hui.

L'écrivain revendique dans cette même lettre une petite part de la merveilleuse découverte de Niepce et Daguerre, dont toute la genèse se trouve en germe, prétend-il, dans les *Pensées* qui terminent *Louis Lambert.* C'est à l'édition de 1835, publiée cinq ans avant l'invention du daguerréotype, ainsi

1. Voir *Un Roman d'amour*, page 162.

que le rappelle Balzac, que le maître fait
allusion dans sa lettre.

Le 15 mai suivant, il va poser de nouveau par un temps superbe, et répète encore que, en huit jours, sa personne peut
arriver de la sorte à Saint-Pétersbourg.

Ces séances de poses successives expliquent
l'existence des plaques différentes, dont la
plupart ont malheureusement disparu depuis.

Le portrait dont il s'agit ici provient de
Gavarni, à qui Balzac l'avait donné. Le
grand caricaturiste en possédait plusieurs
autres, paraît-il, offerts tous par le modèle
lui-même, car M. Charles Yriarte a raconté
dans son volume : *le Puritain*[1], — et, après
lui, M. Jules Claretie dans : *un Portrait de
Balzac*[2], — comment une autre plaque, que
M. Yriarte tenait aussi de Gavarni, fut dé-

1. In-12, Charpentier, page 240. (1873.)

2. *Le livre des Vingt et un*, par divers auteurs. In-12,
Calmann Lévy, page 101. (1889.)

truite, en 1870, par les Prussiens, dans sa villa de Saint-Cloud.

Celle qui nous occupe fut donnée d'abord par M. Pierre Gavarni fils à M. Silvy, alors photographe à Londres ; elle appartient aujourd'hui à M. Nadar [1].

Dès 1867, M. Victor Frond, fondateur du *Panthéon des illustrations françaises au XIX*e *siècle*, s'en servit pour le portrait de Balzac lithographié par Bornemann, publié dans sa galerie. Mais il en trouva sans doute la pose trop négligée pour oser livrer sans retouches cette image à ses souscripteurs. Elle fut donc modifiée, et *ornée* (?) d'une tenue bourgeoise, plus correcte, il est vrai, mais infiniment moins curieuse et moins artistique. C'est ce même portrait du *Panthéon des illustrations françaises au XIX*e *siècle*, réduit et légèrement remanié de nouveau, qui fut re-

______
1. Depuis lors, ce daguerréotype est devenu notre propriété.

1896.

produit, en 1876, — mais gravé par M. Gustave Lévy, — en tête de la *Correspondance* du maître.

Cette fois enfin, voici le puissant auteur de *la Comédie humaine* saisi dans sa vérité, et dans un moment de complet abandon, où l'élégance et la convention n'ont aucune part.

C'est le seul portrait connu de ce grand homme qui ne soit point une *interprétation*, car son visage mobile prêtait à tant de visions diverses, que toutes ses reproductions sont fort différentes les unes des autres.

Celle-ci même n'est point absolument conforme à la plaque photographique. Les traits sont ici quelque peu accusés et durcis. L'ensemble paraît plus âgé que sur le daguerréotype, dont la meilleure traduction est encore la petite photographie exécutée autrefois par M. Silvy, au moment où cette plaque tomba entre ses mains. Balzac y apparaît moins creusé, moins marqué, plus jeune, plus vivant. C'est à cette photographie, dont les exemplaires sont rarissimes, qu'il faut recourir, en définitive, pour connaître la plus parfaite image de l'auteur de *Eugénie Grandet*.

Il existe encore une autre photographie de ce même daguerréotype, dont la date est inconnue. Elle a été exécutée par M. Gustave Legray, dont tous les clichés sont perdus, ou du moins introuvables. D'ailleurs, elle ne diffère pas sensiblement de la précédente. Le seul exemplaire connu appartient à M. Alexandre Houssiaux, fils de l'éditeur de la première édition de *la Comédie humaine* complétée, et formant vingt volumes, publiée peu d'années après la mort de Balzac. Cette photographie a été lithographiée aussi en 1891, dans le *Magasin pittoresque* ; mais cette reproduction ne donne qu'une très faible idée de la pièce originale.

Peintres et statuaires ont tous vu leur modèle sous des aspects particuliers à chacun d'entre eux, en sorte qu'il n'en existe aucune image parfaite. Devéria, Boulanger, David d'Angers, Bertall, et quelques autres, du vivant même de Balzac, ont vainement essayé de fixer ses traits dans le marbre ou sur la toile. Aucun n'a pu donner le type définitif. Meissonier, qui l'eût produit peut-être, n'acheva pas le portrait commencé par lui en 1840, et son esquisse est aujourd'hui recouverte, — s'il faut en croire le récit de M. Jules Claretie, dont nous avons parlé plus haut, — par son *Homme choisissant une épée*, l'un des célèbres tableaux de la collection Van Praet, à Bruxelles.

Pourtant Meissonier avait d'abord sérieusement tenté l'entreprise. Voici la lettre inédite qu'il écrivait dans ce but à Balzac le 26 janvier 1840 :

« Monsieur,

» Il était trop tard ce matin, et je n'ai pu vous trouver. Cependant, j'aurais désiré causer avec vous de votre portrait. Souverain ne connaît rien en fait d'édition de gravure et n'ose encore se décider pour la grande gravure. Il veut avant, je pense, prendre ses renseignements. Si nous l'attendons, nous risquerons, vous de ne point avoir votre portrait, moi de ne point le faire, lequel dernier cas est fort vexant pour moi. Une fois fait, et exposé, la question du graveur se résoudra facilement, j'en suis sûr; cela dépendra du succès du tableau.

» Veuillez donc, je vous prie, que nous commencions. Le temps nous pousse, mais nous pousse si fort, qu'il n'y a pas à en perdre le moindre peu. S'il vous est possible, commençons demain à l'heure convenue de trois heures, trois heures et demie, à cinq. Je vous attendrai impatiemment. Dans le cas où vous ne pourriez venir, jetez-moi, je vous prie, un petit mot à la poste.

» Recevez, monsieur, mes salutations em-
pressées.

» E. MEISSONIER. »

» 15, Quai Bourbon. »

Nous connaissons aussi un pastel d'Eugène
Giraud, document précieux pour la postérité,
exécuté le 18 août 1850 d'après Balzac mort.

Sa veuve le trouva d'une réalité trop
cruelle et fit dessiner, d'après lui, un autre
portrait de Balzac mort, dont la ressemblance est presque entièrement disparue,
tant les traits sont idéalisés. Elle le con-
serva cependant toujours sous ses yeux, le
préférant à l'œuvre saisissante d'Eugène
Giraud [1].

Il existe de plus un portrait au pastel de
Balzac, par J.-A. Gérard-Séguin, l'illustra-

1. C'est ce portrait, sans ressemblance et sans réel intérêt,
dont *le Livre Moderne* a donné une reproduction dans son
numéro du 10 septembre 1891. Ses souscripteurs aux papiers de luxe ont reçu aussi celle du daguerréotype dont
nous parlons ici.

teur bien connu, œuvre longtemps perdue, mais dont nous croyons avoir enfin retrouvé la trace.

Pendant toute sa vie Séguin réclama l'honneur d'avoir mis au jour l'un des premiers portraits du maître exécutés d'après nature. Des lettres inédites adressées par l'artiste à Balzac, à différentes époques, lettres aujourd'hui entre nos mains, prouvent que cette affirmation n'était pas contestée par l'auteur de *la Comédie humaine*, car l'une d'elles commence par ces mots : « mon cher et illustre modèle ». Une seconde lettre, datée du 22 décembre 1841, a précisément trait à ce portrait. La voici :

« Monsieur,

» Je n'ai pu trouver un moment pour aller à Versailles. J'ai été jusqu'à ce jour cloué misérablement à ma table de travail, et, si vous ne pouvez m'envoyer votre portrait, je ne sais trop ce que je déciderai au sujet de l'Exposition [1]. Songez que c'est à peine si je l'ai vu terminé, que je ne sais quel effet il fait dans son cadre, et qu'enfin, ne l'ayant pas revu depuis qu'il est achevé, je ne sais quelle opinion en avoir. Ne pourriez-vous pas, ainsi que vous me l'aviez obligeamment proposé, me l'envoyer pour quelques jours, afin que je sache à quoi m'en tenir sur son compte?

» J'ai toujours deux livres à vous. Voulez-vous que je vous les renvoie?

» Veuillez recevoir mes compliments distingués.

» GÉRARD-SÉGUIN. »

Or, le portrait en question fut exposé au Salon de 1842. Il figure au livret sous le numéro 765 : « Jean-Alfred Gérard-Séguin. *Portrait de M. de B.*, pastel ». Nous pensons donc qu'il s'agit de l'œuvre exposée aujour-

---

1. A cette époque, le Salon de peinture s'ouvrait au mois de mars.

d'hui au musée de Tours et attribuée à Court. (!) Elle provient de la vente après décès de la comtesse Émile Guidoboni Visconti, morte précisément à Versailles, le 28 avril 1883. Cette dame habitait déjà cette ville en 1841, à l'époque où Séguin n'avait pu trouver un moment pour aller y voir son œuvre. L'intimité de Balzac avec cette famille remontait à 1834 ou 1835, lorsqu'il était devenu l'un des habitués ordinaires des Bouffes et de l'Opéra. Elle s'accrut encore vers 1839, après la location par le comte Visconti d'un des pavillons dépendant des Jardies, où il s'installa avec sa femme. Tout fait donc supposer que le pastel du musée de Tours est celui de Gérard-Séguin, offert sans doute en 1841 par Balzac lui-même à madame Visconti.

Champfleury, qui, pour bien des raisons, gardait le culte de Balzac, l'avait vu plusieurs fois en 1847 et 1848, et trouvait, disait-il, ce pastel d'une extrême ressemblance.

Ce portrait a-t-il été lithographié, ainsi qu'il semble résulter de la lettre de Balzac publiée dans sa *Correspondance* et adressée en 1842 à M. Alophe Menut? Nous y lisons en effet ceci :

« Mon cher peintre,

» Votre œuvre est entre les mains de Philippon, qui la fait lithographier pour vous suspendre à tous les étalages, sous cette rubrique : *Alophe Menut, d'après Gérard-Séguin,* et pour en tirer parti. Ce sera bientôt fait, et vous aurez chez vous votre page, que vous mettrez à l'Exposition. »

. . . .

Quoi qu'il en soit, nous ne connaissons point ce portrait d'après Gérard-Séguin, pas plus que sa reproduction en lithographie, dont il est aussi question dans les lignes précédentes.

Plusieurs autres de ces œuvres d'art in-

complètes sont, du reste, également perdues ou bien fort altérées. Le portrait original de Boulanger dont l'esquisse, souvent
exposée depuis quelques années, appartient
à M. Alexandre Dumas fils, est toujours
en Ukraine, au château de Wierzchownia,
où bien peu d'élus ont pu l'apercevoir.
Quant au second exemplaire de ce tableau,
exécuté en même temps, où se trouve-t-il
aujourd'hui? Offert jadis par Balzac à sa
mère, nul ne l'a jamais revu. Mais d'abord,
est-il bien sûr qu'il ait jamais été achevé et
livré? En tout cas l'une de ces deux toiles
figura au Salon de 1837. Elle y fut exposée
sous le numéro 174.

Faut-il d'ailleurs regretter beaucoup ces
deux dernières œuvres? D'après sa *Correspondance* publiée, le grand homme lui-même
trouvait l'exemplaire de Wierzchownia sin-
gulièrement détérioré. On lit en effet ce qui
suit dans la lettre écrite d'Ukraine à sa
sœur, le 22 mars 1849 : « Mon portrait par

Boulanger est devenu la croûte la plus hideuse qu'il soit possible de voir ; les couleurs étaient ou mauvaises ou mal combinées, et c'est tout noir ! C'est affreux !... Je suis honteux pour la France d'une pareille toile, et elle est reléguée dans une bibliothèque où l'on va peu. »

Ajoutons cependant que cette appréciation défavorable est extrêmement exagérée, au dire d'une personne qui connaît le tableau.

Mais après tout la valeur artistique présente de cette toile demeurant en question, nous sommes heureux de pouvoir du moins citer, à l'appui de sa valeur originelle, un document important et tout à fait oublié. C'est une magistrale analyse de l'œuvre par Théophile Gautier, imprimée sous le simple titre de *Beaux-Arts* dans *la Presse* du 6 décembre 1836, et complétée ici par un passage de son article sur le *Salon de 1837*, paru le 18 mars 1837, dans le même journal :

« De notre temps, le portrait est généralement abandonné aux plus désespérantes
médiocrités. Nos grands génies trouvent au-
dessous d'eux de traduire la simple nature,
ils aiment mieux inventer et faire des tableaux
d'histoire ; cependant le portrait n'a pas été
dédaigné par ces maîtres incomparables, ces
demi-dieux de la peinture, dont les œuvres
font notre admiration et notre désespoir. En
effet, la reproduction du masque humain,
avec sa pensée, sa physionomie et son tempérament, est une des plus hautes études
que l'art puisse se proposer.

» Titien, ce prince de la chair, ce poète de
la couleur, dont Charles-Quint ramassait respectueusement la brosse, a produit une grande
quantité de portraits qui ne le cèdent en
rien à ses plus exquises et plus divines peintures. Van Dyck, qui a fait d'admirables tableaux d'histoire, doit exclusivement sa prodigieuse réputation à ses portraits, car ses
tableaux ne sont guère connus que des ar-

tistes ; Holbein, Velasquez, Rembrandt, Raphaël, Léonard de Vinci ont tous cultivé plus ou moins assidument cette belle partie de l'art, qui exige peut-être moins d'invention et d'idéalité, mais qui demande impérieusement une intelligence des types, une philosophie, une observation supérieure et la réunion de toutes les plus rares qualités d'exécution : dessin, couleur, modelé et clair-obscur.

» Qu'on n'aille pas croire que le portrait, qui, au premier abord, ne semble qu'une copie aussi exacte que possible d'un individu quelconque, ne soit pas susceptible de composition ; ce serait une grave erreur. Il y a autant de composition dans un beau portrait que dans un tableau à sujet historique ou mythologique. Le choix de la pose et du jour, l'air de tête, le tour des mains, l'ajustement des draperies et des accessoires, la disposition des fonds, le rapprochement de certaines teintes favorables, tout cela

constitue une composition très compliquée
dans le vrai sens de la peinture. Les portraits de Van Dyck, par exemple, sont beaucoup
plus remplis d'invention que les compositions
les plus pathétiques de M. Paul Delaroche ;
c'est une vérité qu'il est assez difficile de
faire entendre aux gens du monde, et qui
n'en est pas moins une vérité fondamentale
et incontestable ; mais aujourd'hui, comme
à toutes les époques de décadence, les idées
littéraires ont envahi les arts et faussé le
jugement général.

» Assurément nous ne sommes pas plus
satisfaits que tout autre de cet épouvantable
déluge de portraits de toutes dimensions qui
inondent chaque année les salles du Louvre
et montent jusque par-dessus les corniches.
Cette collection de respectables physionomies
de marchands de bas et d'épiciers, en habits
neufs et en cravate blanche, dans toute leur
gloire d'hommes établis, électeurs, éligibles
et décorés, n'a rien qui nous cause un plai-

sir excessif. Nous trouvons que c'est un mince régal de voir toutes ces femmes aux chairs roses et bleu de ciel, misérablement décolletées, nageant dans les nuages savonneux de leurs robes de mousseline blanchies exprès ; les fashionables en gants jaunes, avec le pantalon collant de rigueur, la botte improbable, l'éperon fantastique et le chien de chasse idéal, ne nous semblent pas non plus quelque chose de bien récréatif, et nous sommes d'avis qu'il y a bien assez de bourgeois et de physionomies laides ou ridicules comme cela sans les doubler en peinture. Nous, qui plaignons les glaces obligées de refléter certains visages, nous plaignons encore plus les toiles condamnées à les garder perpétuellement. Mais tout cela n'a pas plus de rapport avec l'art que la lithographie, la lithochromie, le diagraphe et autres belles inventions.

» Champmartin est le seul portraitiste de profession moderne qui ait introduit un peu d'air dans le portrait ; — encore voit-on dans sa couleur et dans son faire un parti pris d'escamotage et d'atténuation qui semble vouloir éviter les observations béotiennes dont la plupart des modèles ne se font pas faute ; les tons vermillonnés et rosés y sont prodigués trop complaisamment ; les plans, les saillies, les attaches musculaires, les facettes accentuées disparaissent dans un système d'aplatissement général : le blaireau défait trop souvent l'ouvrage de la brosse.

» On ne peut que plaindre M. Champmartin, qui avait montré, dans ses deux grandes et ardentes esquisses de l'*Extermination des janissaires* et du *Massacre des innocents*, un robuste tempérament de coloriste, de s'être ainsi énervé dans cette peinture de salon et de n'avoir pas su mieux résister aux exigences des belles dames qui demandaient qu'on les fît aussi jolies que des têtes de Grévedon et des gravures de mode.

» Faire le portrait de cette manière, c'est

vouloir tuer de gaieté de cœur le talent que l'on a ; car en art, les mauvais plis ne se perdent pas facilement, et l'on ne peut guère revenir de la peinture de pacotille à la peinture sérieuse. Mais nous croyons que c'est une chose bonne et profitable à tout artiste, si éminent qu'il soit, de faire de temps à autre quelque portrait ; non pas un portrait imposé, mais une physionomie de choix, remarquable par l'expression ou le caractère. Certaines figures répugnent à la peinture et sont tellement ingrates qu'il est impossible d'en tirer parti. Il faut les renvoyer aux peintres qui exposent des cadres sur le boulevard et dont c'est le métier. On fait ainsi des portraits qui, outre le mérite de la ressemblance, ont une valeur réelle et générale et sont de belles œuvres d'art.

» M. Louis Boulanger, homme de haute intelligence et qui a fait une profonde étude de son métier, a parfaitement compris cette vérité dans les portraits qu'il vient de terminer. Il a pris quatre types complètement différents, et il les a merveilleusement bien réalisés sur la toile. Ces portraits sont de la plus parfaite ressemblance, non pas cependant de cette ressemblance infidèle qui consiste à copier les verrues, le pointillé de la peau, et à mettre exactement le même nombre de cils et de cheveux qu'au modèle qui pose, de cette ressemblance de caricature si facile à attraper qu'elle n'exige pas le moindre talent et se laisse obtenir par des gens qui ne savent même pas dessiner. Nous l'avons déjà dit, cette peinture n'est pas du domaine de l'art.

» Les portraits de **M.** Louis Boulanger ressemblent d'une façon intime et sérieuse et tout à fait magistrale, c'est-à-dire qu'il ne s'est nullement privé des grandes masses d'ombre, des méplats anatomiques, des empâtements, du jour tiré de haut, et autres moyens d'art abhorrés des bourgeois ; il a fait hardiment un côté de la figure plus noir que l'autre, et ne s'est pas mis en grande dépense de rose tendre ; il a laissé ses tons comme il les avait posés, avec leur accent et leur valeur, et ne s'est pas autrement inquiété de dissimuler le travail de la pâte souple et grasse dans laquelle il a trouvé son effet ; il a copié, en gardant son sentiment et sa touche, de façon qu'on peut dire : voici M. de Balzac, voici Achille Devéria, M. Fontaney ou M. le baron de B., sans hésiter une minute, si on les connaît ou si on les a vus seulement deux fois, et, si on ne les connaît pas : voici un tableau de Boulanger.

» Nos ajustements prêtent bien peu à la peinture ; comme forme et couleur on ne saurait rien imaginer de plus horrible. Cela ne saurait être autrement depuis que les artistes ne se mêlent plus à la vie réelle, et ont abandonné la direction des modes. Nos habits, nos coiffures, nos meubles et objets de décoration sont inventés par des tailleurs, des perruquiers, des marchands, des laquais et des femmes de chambre, qui ont des idées tout à fait particulières sur le beau, qui se produisent en toutes sortes d'accoutrements mesquins et ridicules, et d'imaginations grotesques, qui font sourire de pitié les gens de goût. Cependant, si effroyables que soient ces costumes et ces modes, nous les portons et nous les suivons, et les peintres en subissent les conséquences.

» Qui rendra aux artistes ces beaux pourpoints de velours tout tailladés, ces chemises aux flots abondants, ces amples chevelures, ces longues mains patriciennes balançant un gant de buffle et ces belles et larges draperies des portraits vénitiens? Hélas! le temps est passé des beaux jeunes seigneurs au teint ambré, à l'œil ardent et noir, à la bouche imperceptiblement souriante, à l'attitude indolente et fière, frêles comme des roseaux, forts comme l'acier, cambrés et nerveux, également prompts à donner un

coup d'épée ou un baiser. Il n'y a plus de
Titien, il est vrai, mais il n'y a plus d'Aré-
tines, plus de ces magnifiques courtisanes
avec des colliers de perles blondes, des chairs
de marbre dépoli, et des castelles de cheveux
dorés, qui vous regardent hardiment, fières
de leur nudité superbe, du haut de leur
estrade de damas ou de brocart. Les princes
ne font plus voir leurs maîtresses nues aux
grands artistes; on délaisse le culte du beau,
l'adoration de la forme divine, pour je ne
sais quel monstrueux fantôme d'utilité, et le
jour n'est pas loin où la poésie, la peinture et la sculpture disparaîtront du monde.

» Nos regrets sont sans doute partagés par
M. Boulanger, car, sur ses quatre portraits,
deux seulement sont représentés avec des
habits. Devéria est en robe de chambre,
Balzac a le froc de moine qu'il porte habituellement chez lui ; les deux autres, M. Fontaney et le baron de B., à qui leur position
diplomatique permet moins de familiarité

avec le public, sont habillés comme à leur ordinaire ; M. le baron de B. a de plus un ordre du Christ de Portugal, suspendu à un large ruban rouge et du plus riche effet. Il y a loin de la simplicité élégante de ce costume aux ridicules harnais des braves gens qui s'endimanchent pour venir poser. Mais cependant, tel parti que M. Boulanger en ait tiré, on ne peut s'empêcher de soupirer en pensant aux magnifiques ajustements du xvie siècle, et de dire que Titien et Velasquez étaient des peintres bien heureux.

» Je trouve que nous sommes, nous autres pauvres gens de cette malheureuse époque, la jeunesse la plus digne de pitié que l'on ait jamais pu voir ; tout ce qui est éclatant et singulier nous est interdit ; le velours, la soie, les broderies d'or, les nœuds de ruban, les longues plumes, les belles épées ciselées, les grandes bottes à entonnoir de dentelles, l'élégance extravagante, les moustaches troussées en croc, les cheveux bouclés,

les bagues, les diamants, tout ce qui fait
la joie et l'orgueil de la jeunesse nous est
refusé; et il faut, bon gré mal gré, nous
enfermer tous dans de vilains suaires noirs,
ou nous avons l'air de porter le deuil de
notre gaieté.

» Nous commencerons notre analyse par
le portrait de M. de Balzac.

» C'était une physionomie très difficile à
rendre que celle-là, à cause de sa variété, de
sa mobilité et de son aspect étrange. On ne
connaît pas d'autre portrait de M. de Balzac
que la charge de Dantan; ni l'homme, ni la
canne ne ressemblent; c'est une charge très
spirituelle, mais à côté; la canne et l'homme
sont moins gros. Boulanger a parfaitement
saisi cette expression complexe, qui semble
se refuser au pinceau qui ne peut exprimer
qu'un sentiment à la fois. Nous allons tâcher,
pour la satisfaction de ceux qui ne pourront
voir ce beau portrait, de le décrire aussi
exactement que possible, afin de leur donner

une idée de la personne du plus fécond de nos romanciers, comme dirait Hippolyte Souverain.

» M. de Balzac n'est pas précisément beau. Ses traits sont irréguliers, il est gros et court. Voilà un sommaire qui ne paraît guère prêter à la peinture, mais ce n'est là que le revers de la médaille. La vie et l'ardeur répandues dans toute sa physionomie lui font une beauté particulière.

» Dans son portrait, M. de Balzac, enveloppé des larges plis de son froc, a les deux bras croisés dans une attitude calme et forte, le col découvert, le regard direct et ferme; le jour, pris d'en haut, illumine de *luisants* satinés les parties supérieures de son front et jette une vive clarté sur les bosses de la verve et de l'humeur qui sont très développées chez M. de Balzac; les cheveux noirs, aussi éclairés et *luisants*, s'insèrent dans les tempes comme des effluves rayonnants, et donnent une vie singulière à tout le haut de la tête; l'œil, baigné d'une pénombre dorée avec une prunelle fauve sur un cristallin humide et bleu comme celui d'un enfant, lance un regard d'une acutesse surprenante ; le nez, taillé en méplats brusques et tourmentés, respire fortement et passionnément par une large narine rouge ; la bouche, grasse et voluptueuse, surtout dans la lèvre inférieure, sourit d'un sourire rabelaisien à l'ombre d'une moustache d'une couleur beaucoup plus claire que les cheveux ; le menton, volontairement relevé, est lié au col par un pli de chair ample et puissant, qui ressemble au fanon d'un jeune taureau. Le col lui-même est d'une force athlétique et peu commune ; les joues, d'une plénitude rebondie, sont frappées du vermillon d'une santé violente, et toutes les chairs resplendissent du lustre le plus joyeux et le plus rassurant.

» Il y a dans cette tête du moine et du soudard, un mélange de réflexion et de bonne humeur, de résolution et d'entrain, infiniment rare ; le penseur et le viveur s'y fondent avec une harmonie bizarre. Mettez une cuirasse sur cette large poitrine, vous aurez juste un de ces gros lansquenets allemands à grandes bottes si jovialement peints par Terburg. Avec le froc, c'est Jean des Entommeurs ; cependant, n'oubliez pas que l'œil jette, à travers tout cet embonpoint et cette bonhomie, un jaune regard de lion qui corrige cette familiarité flamande. Un pareil homme peut suffire à tous les excès de table, de plaisir et de travail. On n'est plus étonné de l'immense quantité de volumes publiés par lui en si peu de temps. Ce prodigieux labeur n'a laissé aucune trace de fatigue sur ces fortes joues pommelées de rose et sur ce large front blanc. Cet énorme travail, qui eût écrasé sous son faix six auteurs ordinaires, est à peine le tiers du monument qu'il veut élever.

» Jean Goujon eût pris cette face pour en faire le mascaron du rire.

» Cette description contrariera probablement l'idéal que beaucoup de personnes se
sont formé de M. de Balzac, d'après ses œuvres. Bien des gens ne peuvent s'imaginer
les poètes et les écrivains célèbres que mai-
gres et jaunes, avec de longs cheveux noirs ;
nous avons, nous-même, partagé ces naïves
croyances, que nous déchirons aujourd'hui;
nous convenons bien que cela devrait être
ainsi, mais notre description est de la plus
scrupuleuse exactitude.

» Le portrait de M. Fontaney est l'anti-
thèse la plus complète que l'on puisse trouver
à celui de M. de Balzac; c'est une nature
fine, nerveuse, d'un type tout à fait italien,
avec un teint fauve, un œil noir, un sourire
sobre et serré, des tempes découvertes, un
nez à vive arête, une moustache mince, une
vraie tête de Porbus ressuscitée. Il a une expression moitié poétique, moitié officielle,
très bien rendue par M. Louis Boulanger.

» Le Devéria, plus maigre, plus osseux, est

remarquable par un profond sentiment de rê-
verie mélancolique qu'on ne s'attendait guère à
trouver dans l'auteur de tant de compositions
gracieuses et charmantes; la lumière con-
centrée sur le front lui donne un poli d'ivoire
d'un effet singulier et piquant; le bas de la
figure est terminé par une barbe pointue qui
achève de prêter à cette tête un caractère espagnol et chevaleresque; la main gauche est
fort belle et d'une tournure très magistrale.

» Quant au baron de B., c'est un homme
d'une élégance un peu dédaigneuse, brun
comme un Titien, le sourcil bleu à force
d'être noir, un reniflement particulier de
narine et un pli très caractéristique dans la
lèvre, une belle et grave tête; son attitude
est d'une simplicité heureuse ; comme tournure, c'est le plus réussi des quatre. La pâte
est riche, bien nourrie, la touche ferme et
libre, et je l'estime un des meilleurs morceaux de l'artiste.

» M. Boulanger a rempli dans ces toiles

toutes les promesses de son beau *Portrait*
du prêtre espagnol, exposé il y a quelques
années ; et il est à désirer qu'il dérobe quelques moments à ses travaux historiques du
musée de Versailles pour donner des frères
à ces beaux portraits. Et nous espérons qu'il
le fera. »

* * * * * * * * * * * * *

« Nous avons apprécié déjà les portraits
de M. Louis Boulanger, qui, occupé à sa
grande *Procession des états généraux*, n'a pas
eu le loisir de faire de tableau. Ces portraits
joignent le mérite de la ressemblance à une
exécution large et ferme, tout à fait dans le
caractère des Velasquez et de Titien ; de tous
ces portraits, celui qui fixe le plus l'attention
de la foule est M. de Balzac, le célèbre con-
teur. Ce que nous disions de l'impossibilité
de faire quelque chose de pittoresque avec
notre costume est si bien senti par tous les
gens qui ont le sentiment de la forme, que

M. de Balzac a préféré poser en robe de moine à se faire représenter en frac. Ce froc, du reste, lui sert habituellement de robe de chambre, sans doute pour une double allusion à ses labeurs de bénédictin et à son humeur pantagruélique. Il a les bras croisés sur la poitrine et regarde devant lui avec cet œil si clair, si fixe, si pénétrant, si limpide, qui est à la fois l'œil d'un lion et l'œil d'un enfant, et qui fait sa principale beauté et même toute sa beauté ; car, sans ce regard, M. de Balzac serait plutôt *laid que beau*, comme dit la *Gazette de Milan*.

» A propos de M. de Balzac et de la *Gazette de Milan*, vous savez sans doute cette histoire de voleurs, dont il est le héros ou plutôt la victime. Au détour d'une rue :

Six voleurs, qui voulaient faire, en cette rencontre,
L'aumône avec sa bourse et voir l'heure à sa montre,

se présentent à M. de Balzac sous la forme d'un chœur de populations enthousiastes de son beau talent. — « Oh ! monsieur de Balzac, c'est donc vous qui avez fait la *Peau de Chagrin* et le *Lys dans la vallée ?* — Mais oui, messieurs, c'est moi-même, pour vous servir. — Nous tiendrions beaucoup à avoir quelque chose d'un écrivain aussi célèbre. A défaut d'autographe, nous accepterions volontiers votre montre. » M. de Balzac ayant préféré leur donner des autographes, il s'en serait suivi une lutte où l'on aurait mis le poignard sous la gorge à notre joyeux moine, qui aurait été forcé de céder sa montre et même sa bourse par-dessus le marché ; mais cela n'a pas le sens commun, car M. de Balzac, qui est d'une vigueur corporelle peu commune, et mettrait, comme frère Jean des Entommeurs, toute une armée en déroute, rien qu'avec le bâton de la croix de Lerné ou le jonc de sa fameuse canne, les aurait assommés subitement tout vifs et déchiquetés en barbe d'écrevisses. »

. . . .

En ce temps de recherches précises et de documents exacts, il était difficile, pensons-nous, d'offrir au public la reproduction d'une œuvre plus remarquable à tant de titres, et plus intéressante pour tous, que celle du daguerréotype d'Honoré de Balzac dont, au début de ce chapitre, nous avons raconté l'histoire.

1891.

IV

TROIS LETTRES.

Toutes trois ont trait à Balzac, et toutes trois touchent à quelque point intéressant ayant rapport à ses travaux ou bien à sa renommée. C'est pourquoi nous les réunissons ici. Nous les imprimons absolument conformes aux autographes, en les accompagnant seulement des explications nécessaires à leur parfaite compréhension.

I

On doit peut-être à la lettre suivante
d'Hetzel la préface de *la Comédie humaine.*
A ce seul titre, c'est déjà un document
important et digne d'être conservé. Mais il
le mérite encore à cause de son auteur lui-
même, de ce charmant écrivain, de cet
ingénieux humoriste, dont la plume fut
toujours guidée par un esprit plein de bon
sens et d'à-propos.

Que de démentis P.-J. Stahl n'a-t-il pas
donnés à la trop modeste opinion de son

homonyme Hetzel, prétendant ici *qu'il ne sait pas écrire!*

« [Paris, juin 1842.]

» Mon cher Balzac,

» Il est impossible de reproduire ces préfaces signées Félix Davin [1]. Elles ont le tort d'avoir l'air écrites en grande partie par vous et [d'être] signées d'un autre [nom]. Je les trouve en cela extrêmement maladroites. Leur effet, à la tête d'une chose capitale comme notre édition complète, serait détestable.

» Ces préfaces ont quelque chose d'académique, bon pour un éloge ou pour un plaidoyer, mais qui manque son but dans une préface qui veut avant tout être simple, naturelle, quasi modeste et toujours bonhomme,

---

1. Il s'agit des préfaces mises, en 1835, en tête des *Études de mœurs au XIXe siècle* et des *Études philosophiques*, premières ébauches de *la Comédie humaine*. Nous les avons recueillies dans notre *Histoire des Œuvres de H. de Balzac*.

sans prétentions littéraires ou autres. Un résumé, une brève explication de la chose écrite, signée par vous, ce qui implique une grande sobriété, une mesure très grande, voilà ce qu'il faudrait.

» Il n'est pas possible qu'une édition complète de vous, la plus grande chose qui se soit osée sur vos œuvres, s'en aille au public sans quelques pages de vous en tête.

» Non ; l'opération aurait l'air abandonnée par vous, son père, et on dirait un fils renié, ou au moins négligé par son auteur.

» J'ai lu ce que vous aviez commencé. Cela m'a paru mieux que tout le reste, d'un ton meilleur. Résumez, résumez le plus modestement possible. C'est là le vrai orgueil, quand on a fait ce que vous avez fait. Contez votre affaire tout doucement. Figurez-vous vieux, dégagé de tout, même de vous-même. Parlez comme un de vos héros, et vous ferez une chose utile, *indispensable*.

»A l'œuvre, mon gros père ; permettez à

un maigre éditeur de parler ainsi à Votre Grosseur. Vous savez que c'est à bonne intention.

» C'est une réclame à faire. Si je savais écrire, je l'écrirais; en matière de réclame, mieux vaut un marchand qu'un poète.

» Comment ! Nous publierions vos livres, qui paraîtraient pour la première fois sous ce titre d'ensemble : *la Comédie humaine*, et la première ligne à imprimer ne serait pas celle-ci :

» Je donne ce nom *(la Comédie humaine)*
» à mes œuvres complètes pour les raisons
» que voici : etc., etc. ? » Et après, vous ne trouveriez pas à dire que si vous avez été attaqué beaucoup moins dans vos œuvres que dans votre personne, cela prouve peut-être que votre personne est moins connue que vos œuvres ! Qu'assurément vous ne pouvez pas être votre biographe à vous-même, mais qu'il est pourtant quelques erreurs, d'une part, et aussi quelques men-

songes [de l'autre], à rectifier ! Qu'on a pu
médire de vous comme de tout autre, mais
qu'on n'aurait pas dû vous calomnier !
Qu'on a eu tort de le faire, parce que c'était
facile et sans danger, puisque vous n'avez
jamais répondu à une attaque dirigée contre
votre personne !

» [Il faut] dire aussi que vous avez eu
beaucoup à vous louer de vos critiques, qui
se sont si mal entendus pour vous louer
ou pour vous critiquer, que les uns vous
ont accordé ce que les autres vous refu-
saient, et *vice versa*. La critique est pleine
de fatuité. Quelques-uns ont espéré *faire
faire un pas à l'humanité,* — pour nous servir d'un de leurs mots, — en écrivant la
chose en deux colonnes dans un journal,
qui crieraient de leur mieux contre un
auteur qui dirait la moitié de ces trois
mots : *un pas à l'humanité !*

» Je bavarde… et vous dis adieu. Je vous
ai quitté bien portant, et me suis trouvé

très malade pendant deux jours ; je le suis encore.

» Maintenant, gros père, mettez-vous en train d'aller, ou nous nous fâcherons. Attelez-vous à votre machine. Nous sommes les roues ; soyez la vapeur.

» On vous attaque de toutes parts ; *Old Nick* ici [1], et là, dans la *Revue de Paris* [2], ce crapaud de Chaudesaigues.

» Adieu et tout à vous [3].

» J. HETZEL. »

1. Dans *le National*, 23 juin 1842.

2. Numéro de mai 1841.

3. L'avant-propos de la *Comédie humaine* est daté de juillet 1842.

II

Laurent-Jan, on le sait, était un écrivain
de grand mérite. Il a publié un volume,
intitulé : *Misanthropie sans repentir*, plein
d'esprit et de verve. Ce petit livre, paru
chez Hetzel, est devenu fort rare. Balzac
appréciait beaucoup le talent de Laurent-
Jan, à qui il emprunta plus d'une page. Son
concours lui servit surtout pour *Vautrin*, en
1840. Aussi dédia-t-il ce drame à son collaborateur anonyme, dont il venait sans doute
de faire la connaissance, dans le groupe

des écrivains du *Charivari*, qu'il rencontrait chez M. Dutacq, le directeur de ce journal.

Quand le grand écrivain partit définitivement pour la Russie, en septembre 1848, c'est à Laurent-Jan qu'il laissa sa procuration (aujourd'hui entre nos mains), relativement à ses œuvres dramatiques. C'est ce qui explique l'intérêt que Laurent-Jan témoignait au sujet des pièces de théâtre projetées par Balzac, et son rôle dans leur représentation à Paris. Malheureusement, aucune pièce ne fut jamais envoyée de Russie, et, de toutes les œuvres promises : *Pierre et Catherine*, le *Roi des Mendiants*, l'*Éducation du prince*, etc., pas une seule ne fut écrite.

La longue missive suivante, adressée à Balzac par l'auteur de *Misanthropie sans repentir*, rejoignit son destinataire à Wierzchownia, et la réponse de ce dernier à une lettre de sa sœur, — réponse datée du

14.

9 avril 1849, et publiée dans la *Correspondance* du maître, — contient au sujet de ces lignes le passage suivant : « Aussi, te prié-je de dire à Laurent-Jan, de ma part, que je le remercie de son excellente et spirituelle lettre ; la comtesse Anna m'a prié de la lui laisser dans ses autographes, tant elle l'a trouvée bien écrite ; je l'appelle : *M. de Sévigné*. Dis-lui qu'il recevra *la pièce* dès que j'aurai une occasion sûre, et c'est là ce qu'il faut attendre, car comment envoyer un manuscrit? On ne les reçoit pas à la poste ; il faut trouver une occasion pour Pétersbourg (nous en sommes à quatre cents lieues), et obtenir que l'ambassadeur s'en charge. »

Une heureuse chance nous a fait retrouver cet autographe de Laurent-Jan, et nos lecteurs seront heureux, pensons-nous, de juger par eux-mêmes combien les éloges de Balzac étaient justifiés

A M. H. de Balzac, à Wierzchownia,
par Berditcheff, Ukraine.

« Paris, 15 mars 1849.

» Ta volonté sera faite, cher maître, et je l'accepte sans la juger, comme article de foi. Mais comme Hostein croit ne pouvoir répondre de la pièce en l'état actuel, il faut que *Mercadet* attende ton retour pour connaître son sort définitif. Donc, laissons dormir ce faiseur jusque-là. Toutefois, — et sans que cet adverbe soit un commencement de barricade contre ta royauté, — j'ai dû fort mal expliquer ma pensée à madame de Surville pour que tu aies vu une préméditation de meurtre dans le changement soumis à ton infaillibilité. Il n'y avait là ni suicide, ni duel, ni assassinat. Un simple petit désespoir, accouchant à propos d'une grosse somme gagnée au pharaon, voilà tout. Dégraisser légèrement une banque de jeu ne me semblait pas la mort d'un homme. Ceci dit pour soulager ma conscience dramatique, n'en parlons plus. A tout seigneur, tout respect.

» J'ai l'honneur de m'incliner.

» Hostein est du reste en plein succès avec ses sempiternels *Mousquetaires*. Seul, de tout le boulevard, son théâtre connaît l'argent à l'heure sonnant. La Gaîté, rien ; l'Ambigu, de même ; et, quant à la Porte-Saint-Martin, on la vend aux enchères ces jours-ci. Si le Gymnase va cahin-caha, c'est grâce à une petite pièce *réac*, seul genre qui réussisse aujourd'hui, et que la salle de la Bourse a exploité la première avec un grand bonheur. Bien qu'applaudissant ces railleries jusqu'aux durillons, comme tout le public, je n'en trouve pas moins là un triste expédient de notre bassesse à tous. Subir depuis un an un gouvernement qu'on exècre, le saluer tout le jour, le payer à gogo, et croire son honneur sauf parce qu'on le sifflotte un peu le soir, c'est la décrépitude du courage. Tous ces héroïsmes d'avant-scène rentreraient dans un trou de république, devant cinquante gredins déguenillés qui hurleraient dans la rue. La bravoure du théâtre a du reste toujours été la ressource du Français aplati. Que de victoires en couplets n'avons-nous pas gagnées après Waterloo! Après toute défaite, le Français, — né Gascon, — se venge au Vaudeville.

» Mais, à propos de cette ridicule république, les patriotes font grand bruit ici d'une prétendue réception à grandes *mamours* que le czar aurait fait au père Le Flô, notre ambassadeur. S'il en était ainsi, le czar agirait avec nous comme les gens bien nés avec les filles : on les embrasse dans le tête-à-tête, mais on ne les reconnaît pas sur le pavé. Car, toujours est-il que la Russie ne nous reconnaît pas, et je lui en fais mon sincère compliment. Nous connaître est déjà trop.

» Pour en revenir au succès des nouveaux *Mousquetaires*, il n'y a là ni pièce, ni plan, ni style ; mais un tohu-bohu de gens qui vont, qui viennent, qui se battent, qui entrent par les fenêtres, s'en vont par des trappes, et, à force de bruit et de décorations, ne vous laissent ni le temps de comprendre ni celui de s'ennuyer. Le public les accepte tellement comme porte-costume et rien de plus, qu'au moindre développement dans une scène, il n'écoute plus et en demande une autre.

» Cette nouvelle allure du théâtre me semble un enseignement déplorable, en ce qu'elle rend le spectateur incapable aujourd'hui de suivre une œuvre sérieuse.

» Gozlan, tu le sais, a eu deux succès avec le *Livre noir* et le *Lion empaillé*, et fait jouer ce soir même une nouvelle comédie aux Variétés : *la Goutte de lait*. Il te présente sa respectueuse amitié. C'est à peu près le seul de nos amis qui ait gagné quelques

sous en ce triste temps. Gautier, au contraire, s'est trouvé dans une déb[ine] fort
triste. Il a vendu sa voiture de Lilliput et
ses chevaux de présalé pour réfugier noble-
ment sa pauvreté dans un petit quatrième
de la rue Rougemont. Je lui ai fait part de
ton souvenir, qui a paru faire plaisir à sa
grasse indifférence.

» Maintenant, c'est avec grand regret que
je ne puis encore te dire le nom de l'aca-
démicien complice de Hugo. Ce dernier seul
pourrait le nommer, et je n'ai pas osé aller
chez lui. Le Saint-Priest a été choisi d'em-
blée, comme tu dois le savoir. Il paraît,
décidément, que les mauvais comtes font les
bons académiciens. Quant à toi, avouons
que vouloir monter dans le carrosse de l'Institut, côte à côte avec le marquis Guillaume
Patin et le prince de Baour de la maison
d'Ossian, était une prétention un peu leste.
On dit que, dans son indignation de cette
vanité, M. Beaupoil de Sainte-Aulaire en fut

tellement hors de lui, que sa famille éplorée craignit un moment qu'il n'en fît *un livre !* Je n'ai pas besoin de te rassurer au sujet de cette inquiétude.

» *Le Roi des Mendiants* se hâterait, que cette majesté n'aurait pas tort. Sans reproches, depuis tantôt six mois que la France est veuve de ton génie, comme sœur Anne, je ne vois pas grand'chose venir. Après la pièce actuelle, Hostein jouera aussitôt une féerie de Dumas : *Gulliver*, dans laquelle de petits bonshommes de bois, marchant, feront, dit-on, merveille. Il s'agit donc, pour toi, d'envoyer au plus vite ce *Mendiant*, pour qu'on le monte pendant cette féerie, qui peut tomber très bien.

» Scribe va donner aux Français une *Adrienne Lecouvreur*, en prose, pour Mademoiselle Rachel. Toujours Dumas, avec Jules Lacroix, au même théâtre, une tragédie romaine. Le Meyerbeer passe à l'Opéra dans un mois.

» Le prince Louis gouverne équestrement la France avec beaucoup d'aplomb, de midi à quatre heures, dans les Champs-Élysées. Cavaignac rumine son échec aux soirées de Perrée, où j'ai eu l'honneur de le coudoyer hier. Bohain arme des navires pour la Californie. Hetzel ravage les tendres cœurs, sans pitié, et moi, je m'ennuie républicainement, c'est-à-dire sans le sou.

» De tout ceci il résulte qu'il faut m'envoyer *le Roi des Mendiants* ou un autre chef-d'œuvre, et vivement.

» Ton valet,

» LAURENT-JAN. »

II

La lettre suivante de Barbey d'Aurevilly,
qui n'est point adressée à Balzac, cette fois,
mais à son ami Dutacq, révèle un bien intéressant projet de son auteur. D'ailleurs, malgré les instances de son correspondant,
Barbey d'Aurevilly ne concourut malheureusement pas pour le prix offert par le
Docteur Véron, et son *Étude sur Balzac* ne
fut jamais écrite. C'est une perte irréparable
pour les lettrés.

A *Monsieur Dutacq*,
Gérant du Pays *et du* Constitutionnel.

« Dimanche matin, 8 juin 1855.

» Mon cher Dutacq,

» Je vous remercie de vos communications sur la *Société des gens de lettres*. Vous me demandez si le prospectus de cette triste société et le prix du sieur Véron me tentent et me décideront à faire mon *Étude sur Balzac*. Je suis, vous le savez, tout décidé à faire cette étude, qui serait déjà commencée, si les *Pensées*, pour l'introduction desquelles elle sera faite, n'avaient pas si malheureusement *accroché* au *Pays*[1]. Le projet de cette étude est fort indépendant des projets du sieur Véron et de *Dame Société des gens de lettres*. Mais, croyez-moi, je la leur enverrais

---

1. *Le Pays* et *le Constitutionnel* ont publié, en 1855, quelques chapitres de ces *Pensées* de Balzac.

pour leur concours qu'elle n'aurait jamais le prix. Voici pourquoi.

» Les juges de l'*Étude sur Balzac* sont les ennemis de Balzac. Il a transpiré des noms d'une hostilité connue. D'ailleurs, ceux qui ne seront pas les ennemis de Balzac, *ses ennemis personnels*, dans ce sanhédrin, seront les ennemis des idées qui font la gloire de Balzac et sa force. Vous avez vu, mon cher ami, quel *tolle* s'est élevé contre moi, parce que j'ai écrit que Balzac était un grand esprit, essentiellement *autoritaire*, fortement catholique, monarchique, d'une moralité profonde, etc., etc.. On a dit que j'inventais un Balzac. Et les gens qui ont dit cela étaient des *liseurs*, et la grande préface des *OEuvres complètes* leur crevait les yeux, qui n'étaient pas, à la vérité, des yeux d'aigle !

» Partez de là, mon cher ami, pour pressentir ce qui aura lieu à la *Société des gens de lettres*. Si on ne leur donne pas dans l'*Étude sur Balzac* la quarantième édition de

ce Balzac de pacotille, qui est un gros rabelaisien, sceptique et rieur, ayant par-ci
par-là des lubies de mysticisme et l'adoration des bottes fortes de Napoléon, on
n'aura aucune espèce de prix de ces
gens-là, croyez-le bien. Voilà ce qu'il faudra
dire et varier pour être bien venu d'eux.
Étendez dans des phrases, claires comme
un verre d'eau et de l'élégance d'un verre
mousseline, le poison sucré de l'article de
Sainte-Beuve du *Constitutionnel* [1], et vous
serez la rosière de cette petite mauvaise
action-là.

» Vous serez de plus la rosière d'une
bêtise, vous aurez donc tous les mérites aux
yeux des journalistes et des écrivains qui
vont vous juger! Pour eux, l'indépendance
de la critique s'éprouvera par de l'opposition
à la gloire de Balzac, dont la circonférence

1. L'article nécrologique, écrit au moment de la mort de
Balzac, et paru dans le numéro du 2 septembre 1850.

les désole! Il y aura des journalistes parmi ces juges... Des journalistes! Nous connaissons, *nous*, l'état-major du journalisme actuel. Ces gens-là sont-ils aptes réellement à juger Balzac, qui les a traités avec le mépris le plus mérité? Et je dis juger Balzac, car c'est lui qu'on jugera en jugeant cette étude mise au concours par une haine hypocrite, envieuse d'une grande célébrité, qu'il faut empêcher de devenir une grande gloire.

» Pour mon propre compte, mon cher ami, je n'ai pas une idée sur notre vrai grand homme qui ne doive être mortellement antipathique aux pygmées qui vont mesurer le géant. La forme même de mon étude déplaira fort à cet aréopage de médiocrités *Bridoisones*. Cependant, tout prévenu que je sois, tout sûr d'intuition que je puisse être d'un *fiasco* complet, je ne répugne pas à concourir. Mon étude, *qui paraîtra toujours*, confondra le jugement de ces Tartuffes-Perrins-Dandins de la littérature. Elle *repoussera* les ouvrages couronnés, et les gens d'esprit compareront... Voilà mon dédommagement et ma vengeance !

» La seule chose peut-être (je dis : peut-être !) qui pourrait forcer le succès et la main de ces bailleurs de prix, serait le *détail du renseignement* sur Balzac. Les faits peuvent sauver des idées. Dans ce pays-ci, on aime tant les faits ! on est si *badaudement* anecdotier ! Madame de Balzac, à une époque déjà éloignée, vous a *presque promis* de me donner sur son admirable mari des détails inconnus aux écrivailleurs, les punaises de la gloire d'un homme, qui la suçent pour s'en engraisser ; ces détails inconnus, intéressants, qu'aucun autre que moi ne serait en mesure de donner, neutraliseraient, PEUT-ÊTRE, le mauvais effet de mes opinions ; mais, je vous le répète, cela n'est pas certain.

» Dans tous les cas, mon cher Dutacq, je ferai ce qui vous semblera utile et dans les intérêts de notre future publication.

» Tout à vous, et en hâte.

» JULES BARBEY D'AUREVILLY. »

V

ESSAI D'UNE BIBLIOGRAPHIE

DES

LETTRES D'HONORÉ DE BALZAC

PARUES, JUSQU'AU 31 DÉCEMBRE 1895,

DANS LES JOURNAUX,

LES RECUEILS ET LES VOLUMES.

15.

La *Correspondance d'Honoré de Balzac* a été publiée pour la première fois en 1876.

L'ouvrage, annoncé comme entièrement inédit, contient pourtant un certain nombre de lettres déjà livrées au public avant son impression. D'autres, parues antérieurement aussi, ont été renseignées trop tard pour pouvoir faire partie du recueil, et quelques-unes, enfin, ont été mises au jour seulement depuis son apparition.

Il nous a semblé intéressant d'établir le

catalogue de toute cette série de lettres, et de le dresser en ordre chronologique de première publication, accompagné de l'indication du lieu de naissance de chacune d'elles.

Mais, si tout renseignement pouvant compléter ou corriger ce travail nous sera naturellement fort précieux, il faut pourtant avoir grand soin, dans ces rectifications, de ne pas perdre de vue l'ordre des dates, car un très grand nombre de lettres recueillies pour la première fois dans la *Correspondance* a reparu, dans les journaux et ailleurs, sans l'indication nécessaire de cette origine, laissant planer ainsi sur le texte cité une apparence d'inédit aussi avantageuse qu'imméritée.

Toutes les épîtres déjà connues et insérées dans la *Correspondance* du grand écrivain sont précédées ici d'un astérisque, et accompagnées de leur numéro d'ordre dans l'ouvrage.

Celles qui sont entrées dans un autre tome des *OEuvres complètes* du maître (vingt-quatre volumes in-octavo, Michel Lévy frères, 1869-1876), sont escortées, dans notre travail, de l'indication du volume qui les contient, inscrite à la suite de l'état civil de leur première publication.

Il est pourtant un assez grand nombre de lettres, ou plutôt de fragments de lettres, que nous n'avons pas indiqués. Nous voulons parler de la plupart des courts extraits cités dans certains catalogues de ventes d'autographes. Il s'agit souvent là de pièces déjà imprimées dans la *Correspondance*, et parfois aussi d'autographes tombés aujourd'hui entre nos mains. Aussi n'avons-nous indiqué, dans ces conditions, que trois morceaux tout à fait curieux. (Voir nos 26, 40 et 43.). Nous n'en serons pas moins fort reconnaissant quand même de tout renseignement intéressant ayant trait à cette série spéciale, ainsi que, nous le répétons, de tout

complément et de toute rectification relatifs
à l'ensemble de notre travail.

Il serait bien utile également de dresser
l'*erratum* des dates inexactement indiquées
dans la *Correspondance*. Quand, jadis, nous
avons pris part aux études de classement de
ces lettres, — presque toutes ne portant
aucun millésime quelconque, — nous étions
loin de connaître par le détail l'existence de
Balzac, comme nous la connaissons aujour-
d'hui. Depuis lors, une foule de documents
de tous genres nous ont instruit, et bien des
erreurs de date, où nous avons notre part
de responsabilité, ont été reconnues par nous.

Nous ignorons le lieu de première publication et la date d'apparition première d'une
des lettres de Balzac au marquis de Custine
recueillies dans la *Correspondance*. Il s'agit
de la lettre de 1839 (n° 197 du volume). Et
pourtant le texte de cette lettre qui a servi
de manuscrit pour l'impression de l'ouvrage,
est un fragment de journal, forcément an-

térieur à 1876, mais qui ne saurait guère dater d'avant 1868 ou 1869. Nous faisons appel ici à l'érudition spéciale de nos lecteurs qui seraient mieux renseignés que nous.

Enfin, sans parler d'une réponse à Francis Girault, — nous en racontons plus loin l'histoire (voir n° 17), — nous saisissons l'occasion qui se présente d'indiquer à cette place certaines lettres de Balzac dont la trace existe, sans qu'il nous ait été possible jusqu'ici de les retrouver.

La première est renseignée en ces termes par Émile Deschamps, dans son article de *la Presse* du 21 avril 1841 sur *le manoir de Beauchesne*, où le propriétaire avait rassemblé, peintes sur les vitraux de son castel, les armoiries de la plupart des écrivains de l'époque :

« Il [Balzac] l'a envoyé [son écusson] avec une lettre fort longue et trop courte,

comme toujours. Si vous pouviez la lire!...
Mais vous la connaissez : de la grâce, de
l'originalité, des pensées, du style à foi-
son! »

Où peut être, aujourd'hui, ce précieux
autographe?

Une seconde lettre à retrouver, c'est la
missive de quatre pages, forcément pleine
d'intérêt, qui fut lue à l'Académie française
dans sa séance du 5 octobre 1848, et que
Balzac, pour se porter candidat à l'un des
fauteuils vacants par suite du décès de Cha-
teaubriand et de M. Vatout, avait adressée
au secrétaire perpétuel de cette compagnie,
M. Villemain. Il fut pourvu, les 11 et 18 janvier 1849, au remplacement de ces deux
membres, et le comte de Saint-Priest et le
duc de Noailles l'emportèrent, on s'en sou-
vient, sur l'auteur de *la Comédie humaine!*

Balzac, qui avait écrit cette lettre à la fin
de septembre 1848, avant de partir pour

l'Ukraine, avait chargé sa mère de la faire remettre à l'Institut au moment opportun. Voici ce que nous avons trouvé à ce sujet dans celle que, le 13 octobre 1848, elle lui adressa à Wierzchownia :

« Ta lettre a été portée à l'Institut, tes cartes aux académiciens. »

Cette précieuse missive n'a malheureusement pas été retrouvée dans les archives de l'Académie française. Nul doute qu'elle ne soit donc entre les mains des héritiers des papiers de M. Villemain.

Il existe, enfin, à la Bibliothèque de l'*Historical Society of Pensylvania*, n° 1300, Locust street, à Philadelphie, une troisième lettre de Balzac dont, malgré plusieurs démarches, nous n'avons jamais pu non plus obtenir la copie. Elle fait partie de la collection de M. Dreer, — dont le catalogue imprimé existe, — léguée en 1890 à cette

Societé, et fut adressée de Dresde même, par le grand écrivain, pendant l'un de ses nombreux voyages en Allemagne, à M. Charles Falkenstein, directeur de la Bibliothèque royale de Dresde. Nous la recommandons à quelque aimable balzacien en voyage ou, mieux encore à quelque obligeant confrère des États-Unis, et nous leur demandons de bien vouloir en prendre une copie exacte à notre intention.

Et nous n'avons parlé jusqu'ici que de lettres isolées ! Combien seraient plus précieuses encore certaines correspondances étendues, demeurées jusqu'à présent dans l'ombre, telle que celle adressée, par exemple, à la première amie du maître, à cette *dilecta*, à laquelle il a dédié *Louis Lambert*, et qui doit s'être étendue de 1822 à 1836, contenant certainement les détails les plus curieux sur cette période de la vie de Balzac, dont les années de jeunesse sont si peu connues ! Et les correspondances échangées avec madame

Delannoy; avec la comtesse Marie Potoçka, cousine de madame Hanska, installée à Genève en 1832-1834; avec la marquise de Castries, devenue duchesse en 1842; avec la comtesse Émile Guidoboni Visconti, cette Anglaise, née Frances Sarah Lowell, qui occupa, elle aussi, une place marquée dans l'existence du grand Honoré; avec la comtesse Louise Turheim, chanoinesse, dont Balzac avait fait, en mai 1835, la connaissance à Vienne; avec mademoiselle Henriette Borel, l'institutrice de mademoiselle Hanska, entrée depuis en religion; avec Auguste Borget; avec Henri de Balzac, frère de Honoré, mort aux colonies; avec Philarète Chasles, correspondance dont une dame Clotilde Schultz(?) possédait, il y a quelques années, une cinquantaine de lettres; avec la comtesse de Bocarmé, née marquise Ida du Chasteleer, et surtout celle adressée à cette touchante Maria, cette figure dont le masque n'a pas encore été soulevé, et dont

la dédicace d'*Eugénie Grandet* a seule révélé
le nom, vrai ou faux!

Si, contre toute attente, ces lettres n'ont
pas été détruites par les intéressés eux-
mêmes, ne serait-il pas temps de les mettre
au jour? Ce sont là des pièces du plus haut
intérêt, et nous les recommandons tout spécialement à nos confrères en bibliographie,
tous amis, comme nous-même, de la recherche et de la découverte de semblables
documents.

1. *Au nouveau directeur de la Revue de Paris*
(deux lettres). — *Revue de Paris*, mai et
juin 1834. (Tome XXII, pages 471-472.)

2. *Lettre aux écrivains français*. — *Revue de
Paris*, novembre 1834. (Tome XXII,
page 211.)

Lettre littéraire qui n'a rien à voir avec la
correspondance du maître.

3. *A M. Dufour*. — *Chronique de Paris*,
12 juin 1836. (Tome XXII, page 482.)

4. *A. M. Dufour* (deuxième lettre). — *Chronique de Paris*, 16 juin 1836. (Tome XXII, page 487.)

5. *A M. Schlesinger, directeur de la Gazette musicale.* — *La Gazette musicale*, 11 juin 1837. (Tome XXII, page 491.)

6. *Lettre au journal la Presse.* — *La Presse*, 18 août 1839. (Tome XXII, page 275.)

7. *A M. de Girardin*, à propos d'une appréciation de Sainte-Beuve. — *La Presse*, 7 septembre 1839. (Tome XXII, page 539.)

8. *Apostille à une lettre de M. Broussais.* — *Le Siècle*, 20 septembre 1839. — *Histoire des œuvres de H. de Balzac*, par l'auteur du présent travail, première édition, Michel Lévy, 1876, page 250.

9. *Réponse à une lettre de M. Broussais.* — *La Presse*, 3 octobre 1839. — *Histoire des œuvres de H. de Balzac*, par l'auteur du présent travail, deuxième édition, Calmann Lévy, 1886, page 435.

10. *Au gérant du journal la Presse. — La Presse*, 3 octobre 1839.

11. *Au gérant du journal le Constitutionnel en lui envoyant sa réponse à M. Broussais.* (Voir n° 9.) — *Le Constitutionnel*, 3 octobre 1839.

12. *Au gérant du journal la Presse. — La Presse*, 18 mars 1840.

*13. *A M. de Lamartine* (N° 220). — *La Caricature*, 5 avril 1840.

14. *Au gérant du journal la Presse. — La Presse*, 28 avril 1840.

15. *Au directeur du Journal des Débats* (Sur *Modeste Mignon*). — *Journal des Débats*, 30 mars 1844. (Tome XXII, page 573.)

16. *Adhésion au journal: la Semaine.* — Prospectus du journal *la Semaine*, 1845.

17. *A M. Hippolyte Castille. — La Semaine*, 11 octobre 1846.

C'est dans cette réponse de Balzac à un article critique de M. Hippolyte Castille

que le grand romancier parle d'une lettre
écrite dans les mêmes circonstances à un
jeune écrivain de talent, M. Francis Girault.
Il y a peu de temps, nous avons enfin
retrouvé le travail de ce dernier. Mais
l'épître du maître n'est point imprimée à sa
suite, comme nous le supposions. Un de nos
confrères sera-t-il plus heureux que nous,
et découvrira-t-il ce précieux document ?
Nous l'espérons bien vivement.

18. *A M. Eugène Wœstyn.* 1840. — *Revue
étrangère* (de Saint-Pétersbourg). Page 428
du N° de novembre 1846.

*19. *A M. R. Colomb.* 1846. (N° 300.) —
Lettre jointe à *la Chartreuse de Parme,*
par Henri Beyle (Stendhal). Édition
Hetzel. In-12. 1847.

20. *Sur sa candidature.* — *Le Constitutionnel,*
18 mars 1848.

21. *Profession de foi politique. Lettre au journal le Constitutionnel* — *Le Constitu-*

tionnel, 19 avril 1848. (Tome XXIII, page 787.)

*22. *A M. Hippolyte Rolle.* (N° 336.) — *Le Constitutionnel*, 16-17 août 1848.

23. *Au directeur du Journal des Débats.* — *Journal des Débats*, 16 mai 1850. (Tome XXII, page 578.)

POSTHUME

*24. *A M. Champfleury.* 1848. (N° 338.) — *L'Événement*, 24 avril 1851.

*25. *A M. Levavasseur.* 1829. (N° 31.) — *La Semaine théâtrale*, 15 janvier 1852.

Cette lettre a été jointe aussi, reproduite en fac-similé, au volume de Théophile Gautier : *Honoré de Balzac*, paru en 1859 chez Poulet-Malassis.

26. *Lettre à madame* ***. 4 janvier 1831. Un fragment cité. — *Catalogue de la vente d'autographes de M. P. Cap****, le 26 février 1852. N° 46 de ce catalogue.

Lettre très curieuse. Où peut se trouver aujourd'hui l'autographe en question? Prière aux lecteurs de bonne volonté de répondre s'ils le peuvent.

*27. *A M. Méry*. 1845. (N° 296.) — *Le Figaro*, 25 juin 1854.

28. *A M. Curmer*. 1839. Fragment fac-similé. — *H. de Balzac*, par Eugène de Mirecourt. In-vingt-quatre. Roret. 1854.

*29. *Au docteur Véron*. 1850. (N° 383.) — *Mémoires d'un bourgeois de Paris*, par le docteur Véron. Tome III. In-octavo. De Gonet. 1854.

*30. *A sa famille*. (Vingt-six lettres.) 1819-1840. (N°s 1, 3, 6, 8, 9, 10, 14, 17, 19, 23, 28, 34, 38, 80, 84, 87, 109, 128, 131, 132, 153, 155, 183, 188, 199 et 229.) — *Revue de Paris*, 1, 15 mai et 1er juin 1856, et *Balzac, sa vie et ses œuvres d'après sa correspondance*, par madame Laure Surville (la sœur de Balzac). In-douze. Librairie Nouvelle. 1858.

Ces lettres sont presque toutes extrêmement abrégées et modifiées. Plusieurs ne sont que de courts fragments. D'autres contiennent des passages qui ne se retrouvent pas dans les autographes.

Il en est à peu près de même, tout au moins pour quelques-unes des lettres suivantes, citées aussi dans cet ouvrage.

*31. *A madame Zulma Carraud.* Quatre lettres. 1830-1833. (N°ˢ 32, 90, 103 et 111.) — Même provenance.

*32. *A M. Laurent-Jan.* Trois lettres. 1848-1849. (N°ˢ 341, 354 et 371.) — Même provenance.

*33. *A M. Dablin.* Deux lettres. 1845. (N°ˢ 276 et 277.) — Même provenance.

*34. *A M. Charles Nodier.* 1844. (N° 262.) — Même provenance.

*35. *A M. le Procureur du Roi.* 1839.

(N° 216.) — *Revue contemporaine*, 30 juin 1856, et *Balzac chez lui*, par Léon Gozlan. In-douze. Michel Lévy. 1862.

*36. *A M. Pommier*. 1841. (N° 237.) — *Revue contemporaine*, 15 juillet 1856, et *Balzac chez lui*, par Léon Gozlan. In-douze. Michel Lévy. 1862.

*37. *Aux membres de la Société des Gens de Lettres*. Deux lettres. 1841. (N°ˢ 238 et 239. — Même provenance.

*38. *A M. Cauchois Lemaire*. 1841. (N° 240.) — Même provenance.

*39. *A M. le Directeur-Gérant du journal* *** . 1842. (N° 241.) — Même provenance.

40. *Au marquis de Custine*. Sans date. Un fragment cité. — *Catalogue de la vente d'autographes du 18 mars 1857*. Laverdet. N° 39 de ce catalogue.

Mêmes observations que pour le n° 26.

*41. *A M. Théophile Gautier*. 1850. Autographe reproduit en fac-similé. (N° 384).

— *Honoré de Balzac*, par Théophile Gautier. In-douze. Poulet-Malassis. 1859.

Les derniers mots seuls sont de la main de Balzac; tout le reste est écrit sous sa dictée, par sa femme. Cette lettre fait partie aujourd'hui, nous l'avons déjà dit, de la superbe collection d'autographes réunie à Londres par M. Morrison.

42. A M. Werdet. Cinq lettres. 1833-1836. (N°s 101, 159, 168 et 169.) — *Portrait intime de Balzac*, par Edmond Werdet. In-douze. Dentu. 1859.

Un billet imprimé dans ce volume n'a pas été recueilli dans la *Correspondance*. Elle contient en revanche, une longue lettre à M. Werdet, qui ne se trouve pas dans son volume sur Balzac. Cette missive est datée inexactement de Vienne, novembre 1835, et devrait l'être de mai. Balzac n'a jamais séjourné à Vienne qu'en ce mois de mai 1835.

43. *A M. Gavault.* Sans date. Un fragment cité. — *Catalogue de la vente d'autographes de M. Lucas de Montigny*, le 30 avril 1860. N° 153 de ce catalogue.

Mêmes observations que pour les n°s 26 et 40.

***44.** *A M. Hetzel.* Trois lettres. 1840, 1841 et 1844. — *Gazette des Tribunaux*, 10 mai 1860.

Une seule de ces lettres, celle de 1841, a été recueillie dans la *Correspondance.* (N° 235.)

45. *A M. de Humboldt.* 1843. — *Lettres d'Alexandre de Humboldt à Varnhagen von Ense,* etc. Page 112. In-octavo. Genève, Bruxelles et Paris (chez Hachette). 1860.

***46.** *A madame Zulma Carraud.* 1833. (N° 103.) — *A pied et en wagon,* par Émile Deschanel. In-douze. Hachette. 1862.

***47.** *A madame la duchesse d'Abrantès.* 1828. (N° 25.) — *Le perron de Tortoni,* par Jules Lecomte. In-douze. Dentu. 1863.

16.

Un fragment seulement. La lettre est imprimée en entier dans la *Correspondance*.

*48. *Au baron François Gérard.* Quatre lettres. 1831 et 1834. (Nᵒˢ 59, 63 et 127.) — *Correspondance de François Gérard.* In-octavo. 1867.

Une de ces lettres n'a pas été reproduite dans la *Correspondance*.

*49. *Lettre à madame ★★★.* 1844. Reproduite en fac-similé. (Nᵒ 269.) — *Panthéon Frond : Biographie de Balzac.* In-folio. 1867.

Ceci n'est point une lettre et ne date point de 1843, mais bien de 1833 ou 1834. C'est le fac-similé de la dédicace à madame Hanska d'une œuvre inédite et inachevée de Balzac : *Le prêtre catholique,* que la belle étrangère lui avait demandé d'écrire pour elle.

*50. *A M. l'abbé Eglée.* 1844. (Nᵒ 266.) — *L'Intermédiaire des Chercheurs et des Curieux,* 10 novembre 1869.

51. *A M. Hostein*. 1848. Un fragment cité.
— *Le Gaulois*, 13 décembre 1869.

Cette lettre si curieuse fut donnée jadis par M. Hostein à Alexandre Dumas au profit d'une bonne œuvre, pour laquelle l'auteur d'*Antony* la vendit vingt-cinq francs. Il a raconté lui-même tout cela dans une *Causerie*, publiée dans son journal *le Mousquetaire*, numéro du 28 janvier 1855.

*52. *A M. Chapelain*. 1832. (Nº 66.) — *Revue rétrospective*, 15 janvier 1870, page 75.

*53. *A M. Lazard*. 1845. (Nº 295.) — Même provenance.

54. *A M. Fontémoing*. Trois lettres. 1843, 1844 et 1845. — *Bulletin de la Société archéologique, scientifique et littéraire du Vendômois*, page 59, tome XI. In-octavo. Madame Mettaye, à Vendôme, 1872.

M. Champfleury a réimprimé un fragment de ces lettres, sans en citer la provenance,

dans le *Musée universel* du 23 novembre 1872,
puis dans son opuscule : *Balzac au collège*,
in-vingt-quatre. Patay. 1878.

55. *A M. Souverain*. Sans date. — *Le Gaulois*, 3 novembre 1876.

56. *A M. Siraudin*. 1842. — *Le Figaro*,
8 mai 1878.

57. *A Madame Zulma Carraud*. Deux lettres.
1831 et 1833. — *Revue des documents historiques*, avril 1879.

Nous serions bien heureux de savoir qui
possède aujourd'hui l'original de la première
de ces lettres.

58. *A M. Charpentier*. 1839. — *L'Intermédiaire des Chercheurs et des Curieux*, 25 février 1881.

59. *A M.* * * *, éditeur (?). Sans date. — *Le
Figaro*, 23 août 1881.

60. *Au docteur Ménière*. 1833. — *Le Temps*,
16 février 1882, et la *Captivité de madame*

la duchesse du Berry à Blaye; 1833, *Journal du docteur P. Ménière.* 2 vol. in-octavo. Calmann Lévy. 1882.

61. *A madame la comtesse Georges Mniszech.* 1848. — Supplément du *Gaulois* du 28 octobre 1882.

62. *A M. Youséfowitch.* 1849. — *La Russie et les Russes,* par Victor Tissot, page 331. In-douze. Dentu. 1882.

Cette version de la lettre en question est complètement altérée.

63. A M. Froment-Meurice. Six lettres et billets. 1845-1847. — *Le Livre,* 10 février 1883, pages 63-64.

De ces six pièces, données comme inédites, les trois premières seulement, trois billets fort courts, ne font pas partie de la *Correspondance.* Les trois autres portent, dans cet ouvrage, les numéros 286, 316 et 339. Le texte n'en est pas tout à fait identique dans les deux publications.

64. *A madame Hanska.* 1834. — *Revue générale, littéraire, politique et artistique,* 1er décembre 1883.

Lettre publiée par M. Charles Grandmougin.

65. *A M. Frédérick Lemaitre.* 1842. Fragment reproduit en fac-similé. — *Catalogue de la précieuse collection d'autographes de M. Alfred Bovet,* vendue les 18 et 19 février 1884. Page 311. In-quarto. Charavay. 1884.

66. *A M. Dujarrier.* 1840. — Billet imprimé dans le *Catalogue* de la librairie Ludovic D. Guérin, numéro d'avril 1884.

67. *A* ***. Sans date. — *Le Figaro,* 18 juillet 1885.

Fragment douteux.

68. *A M. Arsène Houssaye.* Sans date. Fragment fac-similé. — *Les confessions d'Arsène Houssaye,* tome II. In-octavo. Dentu 1885.

69. *Au général baron de Pommereul.* Cinq lettres. 1827, 1831 et 1846. — *Le Livre,* 10 septembre 1885, et *Balzac en Bretagne,* par R. du Pontavice de Heussey. In-douze. Caillière, à Rennes, 1885.

70. *A M. Charles Cabanellas.* 1834. — *Le tiroir aux souvenirs,* par Albéric Second, page 50. In-douze. Dentu. 1885.

71. *A M. Chauveau.* 1831. — Lettre reproduite en fac-similé dans : *Statue de Balzac à Tours,* brochure in-quarto, parue à Tours au profit de la souscription pour la statue, en 1887.

72. *A M. Théophile Gautier.* 1836 ou 1837. — *Histoire des œuvres de Théophile Gautier,* par l'auteur de ce travail, tome premier, pages 190-191. In-octavo. Charpentier. 1887.

73. *A M. Lassailly.* 22 octobre 1839 (et non 29 octobre 1834). *Collection — Dentu. Autographes,* page 294. In-octavo. Dentu. 1888.

74. *A M. Galisset.* 1832. — *Mercure de France*, mars 1891.

75. *A madame Delannoy.* Sans date. 1840 ou 1842 (?). — *Revue rétrospective*, 1er février 1892.

76. *A M. Prosper Mérimée.* Sans date. — Même provenance.

77. *A M. Eugène Renduel.* 1835. — *Journal des Débats*, édition du soir, 29 septembre 1893.

78. *A Victorine* ***. 1839. — *Journal des Débats*, édition du soir, 4 octobre 1893.

79. *A M. Théophile Gautier.* Deux lettres. 1839. — *Journal des Débats*, édition du soir, 4 et 5 octobre 1893.

*80. *A madame Surville.* 12 octobre 1833 (et non juin). (N° 109.) — *Le Figaro*, 5 janvier 1894.
Lettre presque entièrement inédite.

81. *A l'étrangère (madame Hanska).* Soixante lettres. 1833-1835. — *La Revue de Paris.*

1er, 15 février, 1er mars, 1er décembre 1894, 1er janvier, 1er février et 1er mars 1895.

C'est le début de l'importante correspondance inédite de Balzac, avec madame Hanska.

82. *A M. Vimard*. Deux lettres. 1843 ou 1844, et 1845. — *Le Patriote de Normandie*, supplément, 22 avril 1894.

83. *A M. Alfred Nettement*. Deux lettres et post-scriptum d'une troisième. 1835-1836. — *La Gazette de France*, 16 juillet 1894.

84. *A M. Curmer*. 1839. — *Manuel de l'amateur de livres du* XIXe *siècle*, par Georges Vicaire. Tome premier. Page 867. Grand in-octavo. Rouquette. 1894.

85. *A M. de Montalembert*. 1831. Fragment. — Page 639 du *Correspondant*. 25 février 1895.

86. *A la comtesse Clara Maffei*. 1838. — *Il Salotto della contessa Maffei*, par Raffaello Barbiera. Page 55. In-douze. Trèves frères, à Milan. 1895

87. *A mademoiselle* ***. 1839. — Même provenance.

88. *A M. Armand Pérémé*. Deux lettres. Décembre 1838. — *Le Figaro*, 12 septembre 1895.

89. *A madame Marbouty (Claire Brunne)*. (?) Mars 1839. — *Le Figaro*, 14 septembre 1895.

90. *Au comte Frédéric Sclopis de Solerano*. Deux lettres. Août et septembre 1836. — *Le Figaro*, 14 et 15 septembre 1895[1].

Septembre 1894 — décembre 1895.

---

1. Les numéros 72, 77, 78, 79, 88, 89 et 90, sont imprimés aussi dans le présent volume, et le numéro 80, dans celui qui porte pour titre : *Un Roman d'amour*.

APPENDICE.

HONORÉ DE BALZAC ET THÉOPHILE GAUTIER

(Voir pages 69-70.)

L'auteur de l'article sur *Victor Hugo et la critique*, M. Gaston Deschamps, — dont, ainsi qu'on l'a vu, nous n'avions pas prononcé le nom lors de la première publication de notre travail sur *H. de Balzac et Th. Gautier* dans le *Journal des Débats,* — ayant lui-même raconté le fait dans *le Temps,* nous pensons bien faire en réunissant ici, comme conclusion de ce léger incident, les textes qui s'y rapportent, textes que nous avons trouvés déjà réimprimés, d'ailleurs, avec commentaires par un abonné de *l'Intermédiaire* et du *Temps,* dans le numéro de *l'Intermédiaire des chercheurs et des curieux,* du 10 août 1895. De la sorte les lecteurs qui s'intéressent à ces questions de détail pourront décider en pleine connaissance de cause si, — seul point contesté par nous, — dans une œuvre d'histoire

littéraire interrompue par la mort de l'auteur, ce
dernier commet vraiment un acte d'*ingratitude*, lorsqu'il ne peut, avant de disparaître dans la tombe,
nommer et apprécier tous les personnages dont son
ouvrage inachevé devait comporter l'étude ; puis, de
quel côté se trouvent, à leur avis, dans ce petit débat,
la bonne foi, la vérité et la justice.

I

« ... Théophile Gautier, qui ne nous fait pas grâce
d'un seul « bousingot », d'un seul « badouillard »,
d'un seul « flamboyant », d'un seul « Jeune France »
de la claque d'*Hernani*, ne prononce pas une seule
fois, dans son *Histoire du romantisme*, le nom de
Charles Nodier. C'est une ingratitude, car le *Peintre
de Salzbourg*, que Nodier présenta au public en 1802,
huit ans avant la publication de l'*Allemagne* de madame de Staël, n'avait pas attendu *Elias Wilmansta-
dius*, pour amener les Français au pays des burgraves
et des ballades. »

Le Temps, 30 juillet 1893.

II

« Que dirait aujourd'hui Balzac de cette ignorance
toujours croissante des critiques, s'il avait lu, par
exemple, dans l'article intitulé : *Sur Victor Hugo et*

la critique, publié récemment par l'un des plus sérieux journaux quotidiens de Paris (30 juillet 1893),
l'inconcevable reproche, précisément adressé à Théophile Gautier, de ne s'être point occupé de Charles
Nodier dans son *Histoire du romantisme!* Or, comme
chacun le sait, quelques chapitres de ce livre ont
seuls été écrits, la mort ayant fait tomber la plume
des mains du grand Théo alors que l'œuvre était à
peine commencée, et ces chapitres imprimés en volume, ne font que cent quatorze pages. Tout cela,
d'ailleurs, est indiqué dans l'ouvrage même par des
points de suspension placés à la fin du dernier fragment recueilli. Néanmoins, cette grossière erreur,
que le simple esprit de justice, à défaut de probité
littéraire, eût dû faire reconnaître, n'a été depuis
lors ni relevée, ni rectifiée. »

Journal des Débats, 5 octobre 1893.

III

Je demande au lecteur la permission de vider
séance tenante une petite querelle. M. le vicomte de
Spoelberch de Lovenjoul me prodigue les marques
diverses de son indignation, sous prétexte que j'ai
manqué de respect à la mémoire de Théophile Gautier, le 30 juillet 1893. Ce jour-là, en effet, j'ai
constaté avec regret que le nom de Charles Nodier
n'avait pas été cité dans un volume paru sous la

signature de Gautier et intitulé : *Histoire du romantisme, suivie de notices romantiques et d'une étude sur
la poésie française de 1830 à 1868, avec un index al-
phabétique.* Je n'ignore pas que ce livre, malgré la
longueur du titre est incomplet, et je n'ai jamais
prétendu que cette omission fût un crime capital.
Le bon Théo, dans le paradis des poètes, ne s'est pas
irrité ; car il sait que je l'aime et que je l'admire au
moins autant que ceux qui prennent le soin superflu
de défendre l'auteur du *Capitaine Fracasse.*

» M. le vicomte de Spoelberch de Lovenjoul me
somme d'abjurer mes erreurs et se plaint que personne ne se soit levé pour les censurer. Quelles erreurs ? Ai-je rien dit qui fût contraire à la vérité ?
Nodier est-il cité, oui ou non, dans l'*Histoire du romantisme ?* Je viens de relire l'ouvrage. Je ne peux
pas dire que j'ai vu Charles Nodier quand je ne l'ai
pas vu. Malgré la meilleure volonté, il m'est impossible de satisfaire M. le vicomte de Spoelberch de
Lovenjoul. »

Le Temps, 8 octobre 1892.

FIN

TABLE

—

www.ingramcontent.com/pod-product-compliance
Lightning Source LLC
LaVergne TN
LVHW021523170726
843501LV00004B/941